Carl-Auer

Schaun Sie aus dem Fenster. Wenn Sie Glück haben, sehen Sie einen schönen Baum. Er soll gefällt werden. Was tun Sie dagegen, mit wem reden Sie zuerst, und wer entscheidet am Ende? Wenn Sie keine schönen Bäume sehen, können Sie welche pflanzen. Mit wem tun Sie das, und wen müssen Sie überzeugen – oder neutralisieren? Mit diesen und den nächstverwandten Fragen befasst sich dieses Buch.

Andreas Graf von Bernstorff

Einführung in das Campaigning

2012

Umschlaggestaltung: Uwe Göbel
Satz: Verlagsservice Hegele, Heiligkreuzsteinach
Printed in Germany
Druck und Bindung: Freiburger Graphische Betriebe, www.fgb.de

Erste Auflage, 2012
ISBN 978-3-89670-831-1
© 2012 Carl-Auer-Systeme Verlag
und Verlagsbuchhandlung GmbH, Heidelberg
Alle Rechte vorbehalten

Bibliografische Information der Deutschen Nationalbibliothek:
Die Deutsche Nationalbibliothek verzeichnet diese Publikation
in der Deutschen Nationalbibliografie; detaillierte bibliografische
Daten sind im Internet über http://dnb.ddb.de abrufbar.

Informationen zu unserem gesamten Programm, unseren Autoren
und zum Verlag finden Sie unter: www.carl-auer.de.

Wenn Sie Interesse an unseren monatlichen Nachrichten
aus der Vangerowstraße haben, können Sie unter
http://www.carl-auer.de/newsletter den Newsletter abonnieren.

Carl-Auer Verlag
Vangerowstraße 14
69115 Heidelberg
Tel. 0 62 21-64 38 0
Fax 0 62 21-64 38 22
info@carl-auer.de

Inhalt

Es gibt heute in Europa Dutzende angestellter Aktivisten mit der Bezeichnung »Campaigner«, »Kampagnenkoordinator« in den Diensten von Nichtregierungsorganisationen, ohne dass ihr Berufsbild irgendwo außerhalb der NGO-Welt genauer beschrieben wäre. In der neueren Managementdiskussion wird bisweilen die Kampagnenarbeit dieser Leute und Organisationen angesprochen. Gepriesen wird ihre Durchschlagskraft bei niedrigen Budgets. Es wird gemutmaßt, behauptet oder auch die Idee beworben, hier gebe es für andere Organisationen, Verbände und Unternehmen noch einiges zu lernen. Überall, wo es um Veränderung geht – Wahlkampf, Image, Marketing, Mobilisierung von Unterstützern und Spendern, Erschließung neuer Käufer- und Kundenkreise oder Aktivierung von Belegschaften –, überall da kann es Sinn haben, »Campaigning Tools« und Ansätze zu betrachten und zu verwenden, sogar ganze Prozesse und Projekte als Kampagnen zu fahren.

Campaigning als Methode ist erlernbar und professionalisierbar. Gute Kampagnen fügen sich dabei, wie das Leben selbst oder die Politik, strikten Planbarkeitsvorstellungen nur wenig, sie »entwickeln sich« (Lisowski 2005). Andererseits ist ein Minimum an Planung notwendig, und deshalb sind Leitfäden wie dieser hier sinnvoll.

Die Idee für diesen Text ist in Witten-Herdecke entstanden, genauer gesagt: ein Vorschlag von Fritz B. Simon. Er und Dirk Baecker hatten mich eingeladen, mit Studenten über Kampagnen zu arbeiten, Kampagnen, die ich und andere für Greenpeace organisierten. In den Vorgesprächen hatte Simon den subversiven Charakter der Kampagnenführung betont, und Dirk Baecker zog strukturelle Vergleiche mit der verschwörerischen Umsturzpraxis der Kommunistischen Internationalen 70 Jahre zuvor. Ich betonte die Transparenz des Greenpeace-Handelns und das Vorgehen »mit offenem Visier«. Mit derart verschiedenen Vorstellungen gingen wir heiter gestimmt in das Dreitageseminar mit drei Dutzend Studenten. Und sprachen danach nicht weiter darüber.

Monate später schrieb Fritz B. Simon: »Es scheint zu wirken. Wir haben zwei Kampagnen auf dem Campus, eine: Frauen gegen Männer, eine: Studenten gegen einen Professor ... Nach unseren Ermittlungen haben alle Aktivisten an dem Kampagnenseminar teilgenommen ...«

Bei Greenpeace International hatte ich eine Zeit lang für junge Aktive auf verschiedenen Kontinenten über »The art of campaigning« referiert. Ich war der Meinung, was ich intern für Greenpeace entwickelt hatte, sei auch nur intern verständlich und von Nutzen. Seit Witten-Herdecke dachte ich darüber anders, suchte passende Begriffe für das, was wir taten, und begann, typische Bilder zusammenzustellen. Später wurde eine Art Lehrgang daraus.

In diesem Buch steht an erster Stelle das *Kampagnenhandwerk*, wobei entlang einer Bilderserie teils narrativ, teils analytisch die wichtigsten *Elemente und Handlungsfiguren* des Campaignings dargestellt werden. Hier wird auf archetypische Handlungsfiguren aus den Anfängen der deutschen Umweltbewegung verwiesen und auf Beispiele aus der Kampagnenarbeit des Autors für Greenpeace zurückgegriffen. So bekommt man ein Gefühl für die Bild- und Sprachsymbolik der Kampagnenarbeit.

Es folgt der Plan, den man machen kann, wenn man das Funktionieren von Kampagnen verstanden hat. Es werden *Kampagnentypen* vorgestellt, wie sie zu je bestimmten *Akteuren* und *Zielen* passen, die *Zeitumstände* in ihrer Bedeutung für das Campaigning erörtert und weiter der gedankliche *Planungskasten* vorgestellt.

Drittens folgt der *Theorieteil*, den Fritz B. Simon im Laufe unserer gelegentlichen Zusammenarbeit in gemeinsamen Seminaren mit meinem Input entwickelt hat.

Im vierten Teil wird ein beispielhaftes Kommunikationsdesign an der *Schnittstelle von Wissenschaft und Politik* durchgespielt. Und den Schluss, Teil fünf, bildet ein Abschnitt über das klassische *chinesische Strategiedenken*, das verblüffende Parallelen zum modernen Campaigning aufweist.

Zwar gibt es in und zwischen den Kapiteln einige Querverweise, jedes aber ist in sich abgeschlossen und leicht verständlich, vor allem das letzte.

Aufgrund des begrenzten Umfangs dieser Buchreihe haben einige speziellere Auführungen keinen Eingang in das gedruckte Manuskript gefunden. Solche Abschnitte stehen als zusätzliche Materialien auf der Homepage des Verlages zum Download bereit (www.carl-auer.de/programm/materialien/einfuehrung_in_das_campaigning), so zum Beispiel Hinweise für strategisch orientierte Medienresonanzanalysen oder eine Anleitung zur Generierung von öffentlich verwertbaren Informationen aus Geheimdaten bei voller Wahrung des Informantenschutzes.

Andreas von Bernstorff

1 Das Handwerk

1.1 Was ist eine Kampagne?

Zum Grundverständnis von »Kampagne« ist es äußerst nützlich, immer wieder an die ursprüngliche militärische Wortbedeutung zu erinnern. »Kampagne« kommt von lateinisch *campus* = »Feld«. Der Feldzug ist Bewegung im Raum. Er ist in der Regel zeitlich, sogar saisonal begrenzt, jedenfalls bis in die jüngere Geschichte:

> »Campagne, Feld-Zug, expeditio heißt diejenige Zeit, zu welcher die Armeen im Felde stehen und die sich meistentheils mit dem Junio anfängt, im November aber zu Ende gehet« (Zedler 1732).

Der sowjetisch-finnische »Winterkrieg« von 1939 heißt so wegen der Besonderheit, dass hier im Spätherbst ein Eroberungsfeldzug begonnen wurde, der bei minus 20 Grad stecken blieb und mit einem für Moskau beschämend kleinen Gewinn beendet wurde und die staatliche Unabhängigkeit Finnlands sicherte. In weißen Schneehemden brachten die finnischen Soldaten auf Langlaufskis ihre frisch erfundenen »Molotowcocktails« zu den eingefrorenen Panzern an der sowjetischen Front. Womit Momente von Improvisation und der *Nutzung von Situationspotenzialen* angesprochen sind, auf die zurückzukommen sein wird.

Ein Feldzug hat ein Eroberungsziel. Zum Beispiel Karthago. Karthago soll dem Römischen Reich einverleibt werden mit dem Zweck, die fruchtbare Gegend um das heutige Tunis für den Weizenanbau zu nutzen und das Gebiet dauerhaft zu einer »Kornkammer des Römischen Reiches« zu machen (146 v.

Chr.). Oder Schlesien: Friedrich der Große will es 1742 gegen Elisabeth von Österreich für Preußen erobern.[1]

Zusammenfassend gesagt, ist ein Feldzug also Bewegung in Raum und Zeit mit Ziel und Zweck, und das bei möglichst günstigen (Witterungs-)Bedingungen. Vor Beginn des Feldzuges wird ein Budget erstellt, werden die Ressourcen geplant: Truppen, Ausrüstung, der Tross, also Logistik und Nachschub; alles Elemente, die wir bei der zivilen Kampagnenplanung wiederfinden.

Spätestens seit dem 17. Jahrhundert gibt es diesen zivilen Begriff: *Campaigns* hießen die Sommersitzungen der englischen Unterhauspolitiker nach der Englischen Revolution von 1625, während deren sie die Macht der Könige zu kontrollieren und einzuschränken suchten. Seit das britische Unterhaus in Permanenz tagt und die Königsrechte, namentlich das Haushaltsrecht, an das Parlament übergegangen sind, entfällt die Zeitbegrenzung. Das Campaigning ist erfolgreich beendet.

1.2 Symbolische Konfrontation

Moderne Kampagnen sind Eingriffe in Kommunikationssysteme der Politik, der Gesellschaft und ins Marktgeschehen. Ganz offensichtlich lassen sich die Elemente von militärischem Feldzug auf ziviles Vorgehen übertragen, mit dem Unterschied, dass nicht geschossen und getötet wird. An die Stelle von Waffengewalt tritt die Macht der Bilder und Symbole, der Worte, Gesten und Handlungsfiguren. Und dafür brauchen wir ein Publikum, was im Krieg zuweilen unangenehm ist. Im Folgenden sollen die tragenden Elemente und Handlungsfiguren der Kampagne als »symbolischer Konfrontation« (Krüger 1996) anhand von Beispielgeschichten vorgestellt werden (allgemeiner: Althaus 2007; Krug 2005; Plehwe 2007; Röttger 2009).

Im weiteren Verlauf, Kapitel 2, geht es dann um die Planung von Kampagnen.

---

1 Die Unterscheidung zwischen politischem Zweck und taktischem Ziel ist sehr schön in dem Buch *Clausewitz – Strategie denken* (Boston Consulting Group 2004, S. 193–198) herausgearbeitet.

1.2.1 Bearing Witness – das Zeugnis ablegen

Betrachten wir das folgende Bild aus dem Jahr 1979 (Foto 1). Zwei Kletterer in orangenen Overalls und Atemschutzmasken werkeln am oberen Ende eines Fabrikschlotes herum. Orange steht für Gefahr, Atemschutz für schlechte Luft. Auf einem langen, abgehängten Spruchband steht zu lesen: »Erst wenn der letzte Baum gerodet, der letzte Fluss vergiftet, der letzte Fisch gefangen ist, werdet Ihr feststellen, dass man Geld nicht essen kann«, Unterschrift: »GREENPEACE«. Das ist sozusagen das Glaubensbekenntnis der Umweltbewegung der 1970er-Jahre, wer diesen Satz sagt oder unterschreibt, gehört dazu. Ein moderner Slogan sieht anders aus (s. 2.5.1).

Foto 1: Kaminbesteigung

Das Bild wird zum Symbol für den Kampf gegen die industrielle Luftverschmutzung, man sieht es wieder und wieder. Die Erstmaligkeit und Besonderheit dieser Aktion hat das »Kaminbesteigen« mit »Greenpeace« verbunden wie »Papiertaschentuch« mit »Tempo«. Dabei sind alle Kaminbesteigungen zwischen 1979 und 1997 nicht von Greenpeace unternommen worden, sondern von ganz anderen Akteuren. So wie es heute Papiertaschentücher mit ganz verschiedenen Namen gibt, die sich aber durchaus nicht einprägen mögen.

Die Aktivisten, die Täter, sind nicht etwa nach dem Anbringen des Transparentes beim Abstieg durch den Fotografen mit der Kamera erwischt worden. Nein, sie wollen gesehen werden. Sie wollen auch erkannt werden, sie werden sich einem Gericht stellen und im Saal ihren »Hausfriedensbruch« verteidigen. Sie werden sagen, das Recht auf saubere Luft sei ein höheres Rechtsgut als der Hausfriede eines stinkenden Fabrikschlotes. Es ist natürlich beides: Nur mit subversiven Mitteln kommt man an den Ort, wo man mit offenem Visier möglichst wirksam kämpfen will.

Das Bild der Kaminbesteigung zeigt uns noch mehr: Greenpeace bringt in den damals weitgehend akademisch geprägten Diskurs eine neue Direktheit hinein, und zwar durch die physische Präsenz der Akteure selbst möglichst nah am Ort des Geschehens (oder Tatort, je nachdem). Für die Öffentlichkeit wird das Kritisierte oder der Gegner zusammen mit den Kritikern, den Aktivisten von Greenpeace, ins Bild gebracht. Durch diese »symbolische Konfrontation« (Krüger 1996) entsteht die Dynamik, die nach Veränderung ruft.

Es hatte damit begonnen, dass eine Gruppe junger Leute in das Gebiet eines geplanten Atombombenversuchs im Nordpazifik vor Kanada hineinfuhr. Durch ihre Präsenz wollten sie die Explosion verhindern. Sie fuhren möglichst nah zum Tatort, aber nur so weit und solange sie Kontakt mit einer Radiostation an Land halten und in Echtzeit berichten konnten. Sie kommunizierten ihre Aktion. Sie setzten sich selbst – für ein Publikum sichtbar oder zumindest hörbar – physisch einer Gefahr aus, vor der sie andere bewahren wollten: eine kleine Indianerpopulation auf einer Insel namens Amchitka und die Meereslebewesen. Diese direkte Konfrontation entsprach, sie entsprang sogar einer Regel aus der Tradition der nordamerikanischen Quäker: Geh an den Ort des Unrechts, und lege Zeugnis davon ab; versuche, es abzuwenden. Bei den ersten derartigen Aktionen in den 1970er-Jahren waren mehrere Quäker dabei.

Eine Aktion ohne Kommunikation ist keine Aktion, während das Umgekehrte nicht gilt: Es gibt Kommunikationen, einfache informative Texte für den Hausgebrauch der Medienarbeit (s. 2.5). Ideal ist aber die kommunizierte Aktion, die bisweilen gar zur »Muttersprache von Greenpeace« stilisiert worden ist. »Taten statt Warten« ist ein Motto von Greenpeace Deutschland.

1.2.2 Transparenz schaffen

Foto 2: *Transparenz schaffen*

Der Mann steht vor einem Abwasserrohr der Firma BAYER. Man weiß, dass oben, also am Anfang des Rohres, die Fabrik steht und es unten am Abfluss Probleme gibt: Gestank und kranke Fische. Was aber durch das Rohr fließt, sagt keiner, BAYER nicht, die Behörde nicht. Es mangelt also an Transparenz. Dem wird abgeholfen durch die »Öffentliche PROBEN-ENTNAHMESTELLE ...«, wo jedermann sich eine Probe zapfen, ins Labor gehen und eine Analyse machen lassen kann. Eine Probenentnahmestelle »der Firma BAYER« suggeriert zunächst, das Unternehmen stelle selbst dies Transparenzangebot zur Verfügung, die Formel beschreibt einen wünschenswerten Zustand. »... eingerichtet durch GREENPEACE« korrigiert dies aber sogleich und sagt: Nicht BAYER, sondern wir tun das Richtige – symbolisch –, was die anderen, die Verantwortlichen, nicht wollen und verweigern. Ein Wasserhahn wird in das Rohr geschraubt, ein Tablett daruntermontiert mit Gläsern darauf (das Foto mit Tablett und Gläsern ist vermisst). Solang die Gläser reichen, kann jeder Passant sich also bedienen. Natürlich tut das keiner, und man hat ja auch längst die Proben am Abfluss analysiert. Es geht um die eingängige Symbolik für Transparenz und allgemein zugängliche Information als öffentliche Inszenierung. Kampagnen sind insoweit *öffentliche Konfliktinszenierungen*.

Hier tritt die Kampagne für BAYER bzw. die Überwachungsbehörde stellvertretend ein. Und zwar in erster und zweiter Ordnung.

Erstens als der Akteur, der umweltschädliche Geheimnisse skandalisiert und sie für jedermann lüftet. Zweitens als Beobachter seiner selbst, der das Bild, das Foto, von dieser Aktion herstellt und an die Medien verteilt, als Verbreiter also auch der guten Nachricht. Diese Art Inszenierungen sind üblich und ratsam, wenn man Neuland betritt und sichergehen möchte, dass »es klappt«. Will man eine maximale Öffentlichkeit für das Bild erreichen, muss ebendiese Öffentlichkeit zunächst ausgeschlossen werden.

Folgende Risiken sind nämlich zu beachten: Polizei oder Werkschutz fangen die Akteure ab, aus dem Bohrloch sprudelt

Abwasser, und es kann nicht gleich geschlossen werden, der Wasserspiegel im Rohr ist zu niedrig, oder er sinkt während der Montage, sodass nichts aus dem Hahn kommt. BAYER hat Wind von der Aktion bekommen und sperrt oben den Zufluss ab. Vorzeitig eingeladene Medien hätten sich ja nicht daran hindern lassen, genau über den Fehlschlag zu berichten. Ein großer Teil der Energie in der Vorbereitung solcher Aktionen geht deshalb in die Vermeidung von Pannen und Pannenberichterstattung. Und nur richtig gute Freunde dürfen komplett in einen Aktionsplan eingeweiht werden.

Wir sehen in dieser Handlungsfigur neben der Symbolisierung von Transparenz und Informationsfreiheit (*freedom of information*) bereits das Element »stellvertretendes Handeln«, das weiter unten vorgestellt wird.

Ein aktuelles Beispiel für die Forderung nach Transparenz stellt Foto 3 dar.

Foto 3: Strichcode mit Einkaufswagen

Hier geht es um die Offenlegung aller Informationen zur Lieferkette von Textilunternehmen mit der Aufforderung, einen elektronischen Appell an Angela Merkel zu schicken. Ziel ist eine neue gesetzliche Regelung (siehe auch: http://www.saubere-kleidung.de [21.10.2011]).

1.2.3 Subversiv vorgehen: Wechsel der Identität

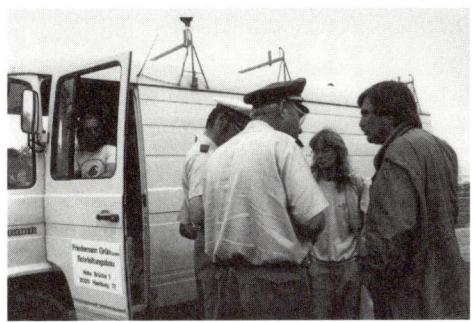

Foto 4: Klempnerauto

Wer einen Kamin besteigen oder ein Abwasserrohr anzapfen will, muss unter Umständen widerrechtlich das Grundstück desjenigen betreten, der kritisiert werden soll. Dazu muss er seine Identität verbergen, wechseln. In diesem Fall nennt sich Greenpeace »Friedemann Grün – Rohrleitungsbau«, da fällt den kontrollierenden Beamten nichts auf, auch bei der Adresse Hohe Brücke 1 noch nicht. Hohe Brücke 1 ist das Haus der Seefahrt, wo auch Greenpeace residiert. Die Rohrleitungsfirma präsentiert einen gefälschten Passierschein, der unter anderem den Vermerk enthält: »Dieses Dokument berechtigt nicht zum Betreten des Grundstücks«, ein bisschen kleiner gedruckt, aber keineswegs auf der Rückseite. Warum das? Warum drei Hinweise darauf, dass hier ein Ränkespiel stattfindet? Es ist lustiger. Keinen bitteren Ernst aufkommen lassen, dazu ist das Anliegen zu wichtig! Und wenn man dann vor Gericht kommen sollte, würden die im Gericht auch lachen, und besser, man hat die Lacher von vornherein auf seiner Seite. Und wenn nun die Gegenseite an der einen oder anderen Stelle gestutzt und doch etwas gemerkt hätte …? Dann hätte es geheißen: »Glückwunsch, eins zu null für Sie!« Schlechte Verlierer versündigen sich an ihren guten Zielen. Geschickte Campaigner fügen sich den Regeln der sportlichen Auseinandersetzung und nutzen sie zu ihrem Besten.

Dieses Auto, das als mobile Klempnerwerkstatt daherkommt, ist ein trojanisches Pferd. Ihm entsteigen die Kletterer, die den Kamin erklimmen und weithin sichtbar die Botschaft verbreiten: Aus diesem Schornstein entweichen gesundheits- und umweltschädliche Abgase. Übrigens dies ganz ohne Worte – nur über die Symboliken Orange und Atemschutz. Die Grenzen des Versteckspiels mit anderer Identität werden weiter unten gezogen (s. 1.3.4, Deutscher Presserat 2007).

1.2.4 Fokussierung I: Das Gegnerkonstrukt

Wenn öffentliche Kampagnen keine klaren Adressaten haben, laufen sie ins Leere. »It is practical to *choose an antagonist*« (Hervorh. im Orig.), sagt deshalb Chris Rose, dessen Buch *How to win campaigns* (2010) sehr zu empfehlen ist.

Um bei den bisherigen Beispielen zu bleiben: Bei der Kaminbesteigung ist kein Gegner genannt, sondern wird eine allgemeine Botschaft verkündet. Es bleibt also unklar, wer etwas verändern soll. Oder ob allein die Botschaft das Novum ist, das zur Kenntnis gebracht werden soll. Bei der Entnahmestelle für Abwasser dagegen ist explizit die Firma Bayer genannt, und Greenpeace ist jahrelang am Thema geblieben.

Um 1990 fängt Greenpeace an, gegen Giftmüllexporte aus reichen Industriestaaten in den Rest der Welt zu arbeiten.[2] Anders als zunächst vermutet, ist hier nicht die Großchemie besonders aktiv. Sondern eine schwer überschaubare Anzahl oder auch Unzahl von »Entsorgungsspezialisten« und »Problemlösern« bietet ihre Dienste zur Verschiebung der Giftfrachten ins Ausland an. Der erste Greenpeace-Slogan ist »Aus für Giftmüllschieber«. Die Schieber – eigentlich kein schlechter Begriff (s. 1.2.12) – aber sind eine diffuse Menge ohne Zentralverband

---

2 Diese Kampagne wurde mehrfach aufgearbeitet, z. B. Brendel und Brendel (2000), Bernstorff und Kanthak (2002), Bernstorff (2002), danach stellten Studierende der Hochschule für Angewandte Wissenschaften (HAW), Hamburg, die bisher umfänglichste Dokumentation ins Internet: http://www.anstagslicht. de/index.php?STORY_ID=73&UP_ID=3&NAVZU_ID=46 [21.10.2011], kürzlich Brodde (2010, S. 71–86).

oder prominente Mitgliedsfirmen. Soll man als Umweltverband vielleicht allen, die diese Exporte organisieren, in den Arm fallen, sie einzeln angreifen und stilllegen? Hundert kleine Namen und lauter schmutzige Geschäfte? Soll man sie an den Pranger stellen, soll man vor die Gerichte ziehen? Aussichtslos, es ist ja erlaubt, was sie tun. Also ist ein *Eingriff ins System* notwendig. In das System der Abfallentsorgung. Und natürlich ein anderer Slogan.

Ein systemischer Eingriff wäre zum Beispiel ein Gesetz, ein Exportverbot für Sondermüll, zu beschließen im Deutschen Bundestag. Ein nationales Exportverbot ist jedoch nach EU-Recht nicht möglich. Und Abfallangelegenheiten sind Sache der Bundesländer – soll man 16 Ländergesetze ändern? Außenhandel ist EU-Angelegenheit. Soll man den EU-Handelskommissar angehen? Den in Deutschland keiner kennt?

Es geht jetzt, wie bei allen veränderungsorientierten Kampagnen oder Kommunikationsstrategien, darum, eine Stelle zu identifizieren, wir werden sie später *Zielsystem* nennen, die Stelle also zu definieren, wo oder von wo aus Verhalten dergestalt verändert werden kann, dass eine Lösung für das Problem erreicht wird, indem die Verhältnisse dauerhaft geändert werden. In diesem Fall muss das Scharnier zwischen den Systemen EU und Bundesländern gefunden werden. Einfacher gefragt: Wer redet mit beiden? Hier wiederum gibt es diverse Ausschüsse, Kommissionen, Gremien, Prozesse und derglcichen. Es lohnt sich nicht, da heranzugehen. Es wird nämlich wieder mal kein Schwein zuschauen.

Es muss jemand sein, der in der Öffentlichkeit hinreichend bekannt ist oder schnell bekannt gemacht werden kann. Erst damit sind Zielsystem und Gegner gefunden: die Bundesregierung – sie soll auf die Länder einwirken, damit diese die Müllexporte unterbinden. Es gibt aber keine gesetzliche Grundlage, und die kann und darf der Bund auch gar nicht liefern. Die muss aus Brüssel kommen. Nur die Europäische Union kann die Fragen des internationalen Abfallhandels neu regeln. Also muss die Bundesregierung zunächst auf Brüssel einwirken. Wer genau?

Das Bundesumweltministerium – und in persona Bundesumweltminister Prof. Dr. Klaus Töpfer. Er redet mit den deutschen Bundesländern, mit der Europäischen Union und – das Problem ist schließlich ein globales – mit den Vereinten Nationen.

Ab jetzt wird er aufgefordert, auf der EU-Ebene ein Exportverbot für gefährliche Abfälle durchzusetzen. Anschließend oder gleichzeitig soll das Verbot in den Umweltregimen der Vereinten Nationen verankert werden. Damit wäre die Ausnutzung unterschiedlicher Standards weltweit beendet. Müllexporte von den Reichen zu den Armen auf der Welt wären verboten und würden bestraft.

Vereinfacht: Klaus Töpfer soll die Müllexporte von den Reichen zu den Armen auf der Welt beenden. Und Töpfer ist, obwohl eigentlich nur Instrument, im Kampagnenspiel der »Gegner«. Die Auseinandersetzung spielt sich ab jetzt zwischen zwei Antagonisten ab: Klaus Töpfer und Greenpeace. Und niemand sonst. Und nur zu diesem Thema. Das ist das »Gegnerkonstrukt« von Kampagnenplanern. Was diese Art von Kampagne zur *strategischen Konfliktinszenierung* macht.

Die Inszenierung gelingt nur, wenn der Konnex »deutsches Gift im Ausland – deutscher Umweltminister« gedanklich spontan nachvollzogen wird, also anschlussfähig ist. Konkret: Deutscher Giftmüll = Umweltproblem in Rumänien –› deutscher Umweltminister muss was tun. *Plausibilität* reicht. Da nutzt es dem Minister nichts, dass er gar nicht zuständig ist. Und er tut gut daran, aktiv zu werden.

Es gibt auch Überlegungen, den Außenminister Klaus Kinkel und/oder Wirtschaftsminister Günther Rexrodt, beide FDP, anzugehen. Aber die Chance, dass Liberale hier »mitspielen« würden, wird als zu gering erachtet.

Warnung: Gegnerschaften meiden!

Konstruierte Gegnerschaften sind nur in öffentlichen, politischen Kampagnenkonstellationen günstig. Bei stilleren Vorhaben und vor allem, wenn man eine Kampagne für Veränderungen innerhalb der eigenen Organisation oder Unternehmung macht, darf man *nicht personalisieren*. Wer hier vorschnell konfrontiert, hat schon verloren. Hier ist das »Gegnerkonstrukt« dann ein Abstraktum, ein nicht zu leugnender Missstand wie etwa »zu lange Entscheidungswege«. Oder man stellt gleich ein konsensfähiges Ziel auf: »Mehr Transparenz« oder »Kürzere Prozesse«.

1.2.5 Die Macht der Bilder

Was kann man ihm, Klaus Töpfer, nun vorhalten? Die Greenpeace-Rechercheure haben eine Menge Hinweise, Zeugenaussagen, Akten und Verträge auf bzw. über geplante oder vollzogene Giftmüllfuhren aus Deutschland und anderen Industriestaaten in den Rest der Welt. Aber es fehlt der *schlagende Beweis*, nicht im juristischen Sinn, sondern für die Augen der Öffentlichkeit. Hinweise Ostberliner Rucksacktouristen auf Fasslager mit deutschem Giftmüll führen in den Landkreis Sibiu/Hermannstadt im rumänischen Siebenbürgen. Dort gelingt es dann, eine Reihe von Fotos von diesen Lagerstätten zu machen: in offenen Hallen, versteckten Kellern, in Hinterhöfen und auf dem

Foto 5: Giftfässer im Apfelgarten

freien Feld (s. Foto 5). Schließlich eines unter freiem Himmel in einer Apfelplantage. Im saftigen Grün, im prallen Leben diese heimtückisch-morbide Fracht. Dieses Foto geht buchstäblich um die Welt. Das ist der Durchbruch für die Kampagne, die bisher eine Menge Papier produziert, aber kaum öffentliche Beachtung gefunden hat.

1.2.6 Stellvertretendes Handeln – Tun, was er tun sollte

Hat man einmal einen Verantwortlichen identifiziert und zum Antagonisten im Spiel geweiht, beginnt man, demonstrativ zu tun, was *er* tun sollte. Wann immer Greenpeace neue Giftfrachten aus Deutschland findet, in Rumänien, Albanien, in der Ukraine, im Libanon etc., fordert die Organisation zunächst die Bundesregierung auf, für eine Rückholung zu sorgen. Die Regierung, genauer gesagt, das Ministerium Töpfer reagiert mit Ablehnung: »Unser Haus ist nicht zuständig, Abfallangelegenheiten sind Bundesländersache, die Bundesregierung hat keine Entsorgungsanlagen und auch keinen Zugriff darauf.« Das weiß Greenpeace, beharrt aber dennoch darauf und tritt schließlich immer selbst wieder in Aktion (s. Foto 6).

Die Figur des »stellvertretenden Handelns« ist gewissermaßen entwaffnend. Sie verzichtet auf harte Kampfparolen, sie spricht den Antagonisten als Nachbarn an und setzt ihn gleichzeitig unter enormen Zugzwang. Das demonstrative »Es geht doch – warum tust du es nicht?!« ist in der Öffentlichkeit weit wirksamer als die radikalste Anklage oder Forderung. Die Aktionen sind deswegen so stark, weil sie über die rein »symbolische Konfrontation« (s. o.) hinausgehen. Es ist ja wirklich echtes Gift, das hier von den Aktivisten geborgen und schließlich teils auch gleich auf den Weg zurück nach Deutschland gebracht wird. Es handelt sich um eine konkrete Hilfeleistung, die schließlich auch diejenigen in Rumänien zum Schweigen bringt, denen die Greenpeace-Aktivitäten überhaupt nicht gefallen und die den Akteuren zunächst eine Menge Steine in den Weg zu legen versuchen.

Foto 6: Hand anlegen: Sichern und Umverpacken von Giftfässern

Das stellvertretende Handeln wäre im *altchinesischen Strategie-denken* (s. u.) ein Element von *Siegen, ohne zu kämpfen.* Und gehorchte zudem der Maxime: Die gegnerischen Truppen intakt halten – um sie zu übernehmen natürlich (Sunzi 2009; s. auch Kap. 5). Der Gegner ist also kein Feind, der besiegt oder vernichtet werden soll. Es geht nicht um Sieg und Niederlage. Das Ziel ist Verhaltensänderung. Oder, falls nötig, Veränderung der Verhältnisse. Erwünscht ist eigentlich ein *Gegenspieler*, ein Gegner, der den Ball aufnimmt; das Spiel mit und zu Ende spielt, den man wiedertrifft. In neuem Kontext, wo man ihn wieder braucht. Deshalb machen kluge Kampagnenmacher sich niemand unwiderruflich zum Feind. Bei aller Härte und Lautstärke in der öffentlichen Auseinandersetzung muss niemand den Gesichtsverlust fürchten, er kann einlenken oder nachgeben, ohne verhöhnt zu werden (s. Foto 7).

Foto 7: »Herr Töpfer, holen Sie auch den Rest!«

1.2.7 Erfolg und Krise – Herr des Verfahrens bleiben – Agenda setzen

Greenpeace ist jetzt mit der Kampagne gegen Giftmüllexporte so weit gekommen, dass Minister Töpfer sich die Lage in Rumänien angesehen hat. Auf dem Bild sieht man ihn einen gesperrten Bereich – ein Giftlager – verlassen und vor die Medien treten. Töpfer wird sich beim rumänischen Volk entschuldigen und versprechen, die aufgefundenen 350 Tonnen nach Deutschland zu holen und dort einer ordnungsgemäßen Entsorgung zuzuführen. Der Eisenbahnzug, der später in Deutschland eintrifft, ist 1,3 Kilometer lang.

Dieser Erfolg führt für die Kampagne unmittelbar in die Krise: Schon wird auf Plakaten der Dank an den Minister artikuliert (s. Foto 8).

Foto 8: »Gift raus – danke, Klaus [Töpfer]«

Deshalb haben die Aktivisten ein Banner vorbereitet (Foto 7) und just zu der Sekunde, als der Minister vor die Medien tritt, wie ein Segel gehisst und die weitere Agenda gesetzt: Sibiu/Hermannstadt ist abgehakt, aber da sind ja noch all die anderen

Orte, wo deutscher Giftmüll Schäden anrichtet und auf Entsorgung harrt. Und: Nötig ist ein »Exportverbot«, um das Problem dauerhaft zu lösen.

Greenpeace hat Erfolg mit seiner Forderung nach Rückholung der Gifte aus Rumänien. Jetzt aber beherrschen andere die Szene (s. Foto 9).

Foto 9: Pressekonferenz der rumänischen Regierung mit dem deutschen Umweltminister in der Mitte

1.2.8 Auf Augenhöhe

Auf dem Foto mit dem Banner über dem Minister (Foto 7) wurde die politische Agenda gesetzt. Zur Regierungspressekonferenz ist Greenpeace nicht eingeladen. Wie alle NGOs in solchen Fällen bereiten die Akteure eigenes Informationsmaterial vor, setzen sich zwischen die Journalisten, stellen kritische Fragen – aus dem Saal, von unten zum Podium hinauf. Von unten nach oben. Aber vielleicht ergibt sich eine andere Möglichkeit statt dieses ewigen »Von unten nach oben«. Die ebenbürtige Begegnung. Sie gelingt – ungeplant und unplanbar.

Greenpeace gelangt, wie man heute gern sagt, unversehens »auf Augenhöhe«. Der verantwortliche Campaigner schaut sich vor der Konferenz in dem Saal um. Er stellt sich mit dem Gesicht nach draußen in ein Fenster, angetan mit einem beigen Trenchcoat, zum Innenraum hin verdeckt durch eine beige Gardine. Er blickt aus dem Fenster in den Hof. Seine Augen treffen auf ein anderes Augenpaar im Hof. Ein rumänischer Sicherheitsbeamter. Die Männer nicken einander zu: Wir müssen auf unsere Minister aufpassen.

Die Pressekonferenz beginnt. Der Campaigner, niemand im Raum hat ihn bemerkt, hört zu und findet nach etwa 15 Minuten Konferenzverlauf eine Stelle, die eines Kommentares bedarf. Er tritt aus dem Versteck hervor, fasst dem Minister freundlich an die Schulter und nimmt sich das Wort. Töpfer reagiert zunächst entgeistert, meistert aber blitzschnell die Lage, indem er einen weiteren Stuhl bestellt und den Eindringling in die Pressekonferenz mit aufnimmt. Greenpeace in einer Reihe, umrahmt von rumänischem und deutschem Minister – in Rumänien ein erheblicher Statusgewinn für die Organisation und für die weitere Arbeit von großem Wert.

Dieses Abweichen vom Plan gilt in unseren Kontexten als Bubenstreich oder Husarenstückchen. In einer anderen Gedankenkultur, dem klassischen chinesischen Strategiedenken, wie es in Kapitel 5 kurz beleuchtet wird, wäre es eine Selbstverständlichkeit, nicht nach der allgemeinen strategischen Lage vorzugehen, sondern das *augenblickliche Situationspotenzial* taktisch optimal zu nutzen.

Die eigenen Abräum- und Rückholaktionen der Aktivisten werden gerechtfertigt mit Vorgaben des Bürgerlichen Gesetzbuches. Die §§ 677 f. BGB sehen ein Handeln »geschäftsführend ohne Auftrag« vor, wenn der Verantwortliche nicht handlungsfähig ist, die Aktion aber seinem »mutmaßlichen oder tatsächlichen Willen« entspricht. Diese Rechtsfigur, kombiniert aus dem Nothilferecht und den Grundregeln guter Nachbarschaft, gibt es in ähnlicher Form in fast allen Gesellschaften. Sie ist mit zwei, drei Gedankenschritten erfassbar und plausibel und insofern zwingend, anschlussfähig im oben genannten Sinne. Die öffentliche Botschaft lautete dann bald wie in Foto 10.

Foto 10: » Wir sind es leid, Ihre Arbeit zu tun, Herr Töpfer«

Zu beachten ist hier übrigens der Wandel des Beziehungsangebots. Fängt eine NGO notgedrungen erst einmal an, *von unten* an eine Regierung zu appellieren, bringt sie sich nach einiger Auseinandersetzung auf *gleiches Niveau* und stellt sich schließlich *über sie*, wie eine Mutter, die keine Lust mehr hat, dem Sohn die Bude aufzuräumen.

Auf keinen Fall geht es um Vernichten und Besiegen, nicht um Beschämen, Herabsetzen und Die-Ehre-Abschneiden. Was sollen diese Kampagnen denn erreichen? Veränderung, nachhaltige Verbesserung – als Verhaltensänderungen und/oder Veränderung der Verhältnisse. Wobei das Erste die Voraussetzung für das Zweite ist und umgekehrt. Um die Verhältnisse zu ändern, muss ich jemanden überzeugen oder zwingen, der die Macht dazu hat. Er ändert sein Verhalten, indem er die Verhältnisse ändert. Am Ende kann ich natürlich sagen, in Wirklichkeit »habe ich – als Akteur – die Verhältnisse geändert«, und der unmittelbare Veränderer war instrumental, ich habe ihn angespielt, bin sozusagen das Problem über die Bande angegangen. Das gehört zum Wesen der Kampagnenarbeit.

Wie stark Personen auf der Akteursseite sichtbar sein sollten, muss man je nach Kampagnentyp (s. 2.1) situationsabhängig entscheiden. Manchmal ist es unabdingbar, dem eigenen Anliegen und der Kampagne ein starkes *Gesicht zu geben*. Wahlkämpfer, oft nicht die schlechtesten Campaigner, wollen ins System, und sie müssen *sich selbst als Produkt bewerben*. Menschen, die sich für ein Anliegen einsetzen (= *issue campaigning*), treten als Akteure persönlich eher hinter die Aktion zurück. Am deutlichsten hat diese Seite vielleicht Mahatma Gandhi ausgedrückt:

»In Bezug auf jede Handlung muss einem das erwartete Ergebnis bekannt sein, man muss die Mittel kennen, die zur Erreichung des Ziels notwendig sind, und die Kapazitäten dafür haben. Derjenige [...] begegnet den Folgen seiner Handlungen ohne Begehren und ist dennoch von seiner Aufgabe vollkommen eingenommen. Von ihm wird gesagt, er habe allen Früchten seiner Handlungen entsagt« (Kakar 2008, S. 94 f.).

1.2.9 Konfrontieren oder Kooperieren?

Greenpeace steht in dem Ruf, massiv zu konfrontieren. Das trifft bisweilen zu (s. Foto 11).

Wenn man Anfang der 1990er-Jahre von »Klima ruinieren« spricht, meint man die Zerstörung der Ozonschicht in der Stratosphäre, die die Lebewesen auf der Erde vor zu starker UV-Strahlung aus dem All beschützt. Hier werden zwei Männer, die CEOs von Hoechst und Kali-Chemie, vorgestellt, die hauptverantwortlich sind, weil sie als einzige *Produzenten* die Herstellung der Ozonkillersubstanzen FCKW (fluorierte Chlorkohlenwasserstoffe) nicht einstellen wollen. Sie werden auf großen Bahnhofsplakaten angeprangert. Nutzen tut es nichts. Im Gegenteil, es wird eine feindselige Stimmung verfestigt. Die beiden fühlen sich in ihren Persönlichkeitsrechten verletzt. Es folgt ein 14 Jahre langer Rechtsstreit. Als Greenpeace schließlich vor dem Bundesgerichtshof obsiegt, interessiert es niemanden mehr. Solche und andere Beispiele lehren, dass man die *maximale Immunreaktion* bei einem Gegner, dessen Verhalten man verändern möchte, besser *vermeidet.*

Foto 11: »*Alle reden vom Klima …*«

In der Tat wählen dieselben Akteure, die zunächst mit den Bahnhofsplakaten arbeiten, noch im selben Jahr einen ganz anderen Zugang zu der Problematik. Es beginnt mit der Entwicklung einer Alternative zur herkömmlichen Kühltechnik. Greenpeace entwickelt zusammen mit der ostdeutschen Firma DKK Scharfenstein/Foron eine Technik, die mit einem Gemisch aus Propan und Butan als Kältemittel arbeitet. Diese Naturgase sind überall verfügbar, kostengünstig und ozonneutral. Als der erste *Greenfreeze*-Kühlschrank die Fabrik verlässt, rufen die Konkurrenten zum Boykott auf.

Greenpeace reagiert geschmeidig und schaltet eine Zeitungsannonce – diesmal nicht gegen die Produzenten der Schadstoffe.

Hier werden Kali-Chemie und Hoechst ignoriert, und es wird stattdessen ihre *Kundschaft* angesprochen, jene nämlich, die die FCKW als Kältemittel einkaufen und in den Kühlschränken einsetzen. Die neue Technik wird nun in Zeitungsanzeigen beworben, und die Hersteller, allen voran Bosch – »Sei kein Frosch, Herr BOSCH!« – werden aufgefordert, die neue Technologie zu übernehmen. Angesprochen sind nebenbei alle deutschen Hersteller; das klappt. Ein Jahr später, im November 1993, sind Bosch und AEG zusammen mit Greenpeace in China mit dem FCKW-freien Kühlschrank unterwegs. Die großen chinesischen Hersteller bringen auf dem rasant wachsenden asiatischen Märkten erst gar keine FCKW-Kühlschränke in den Verkehr. 2011 gibt es über 500 Millionen dieser *Greenfreeze*-Geräte, mehr als die Hälfte des globalen Gesamtbestandes.

1.2.10 Fakten schaffen

Foto 12: Steine versenken

Warum wirft man Steine ins Meer? Wem sollen die in den Weg gelegt werden? Westlich vor Sylt befindet sich ein Schutzgebiet für laichende und junge Fische. Hier darf nicht gefischt werden. Die Fischer tun es trotzdem. Die Behörden dulden es. Keiner schreitet ein. Naturschützer protestieren. Nichts geschieht. Die Fischer fischen weiter. Greenpeace verteilt die Steinquader weiträumig über das Schutzgebiet. Die Fischernetze bleiben daran hängen. Die Fischer protestieren wegen Sachbeschädigung, die Fische nicht. Es kommt allen so vor, als ob ein Einbrecher klagte, sein Werkzeug habe gelitten. Vor Gericht wird 2011 verhandelt, ob das Steineversenken eine Gefährdung für Fischkutter darstellt oder eine Naturschutzmaßnahme.

1.2.11 Fokussieren II: Ein einziges Thema

Alle Umweltverbände schreiben Abfall(vermeidungs)konzepte, reden über lecke Deponien, Dioxin schleudernde Müllverbrennungsanlagen und zweifelhafte Recyclingprojekte. Die Stärke der Greenpeace-Aktionen gegen Giftmüllschiebereien besteht unter anderem darin, dass Greenpeace nur über *ein* Thema redet. Nicht über all die damals in den 90er-Jahren aktuellen Themen wie Müllvermeidung und -trennung, grüne und gelbe Tonnen, Sondermüllöfen und Deponien. Nur über Exporte. Alle Müllprobleme, sagt Greenpeace, müssen und können im Land – oder in der EU-Nachbarschaft – gelöst werden und werden umso schlechter gelöst, je mehr Schlupflöcher es nach außen gibt.

Man muss das System dauerhaft schließen: Technisch-industriell erzeugte Probleme müssen in derselben Technosphäre gelöst werden, in der sie entstehen. Würde man die Exporte beenden, werde sich der Rest ergeben. Die Gefahrstoffe würden entweder vermieden oder sicher gehandhabt, verwendet und entsorgt. Was ist das (Kommunikations-)System Abfallbehandlung, was sind seine wichtigen Elemente? Recycling, Deponieren und Verbrennen. Klassischerweise gehört der Export nicht dazu. Exportiert wird erst, seit die Entsorgung zum Kostenfaktor geworden ist. Richtig Geld kostet die Entsorgung aber erst seit den 1970er-Jahren, als Dutzende von Arbeitsstoffen und Abfallarten als gefährlich erkannt wurden und in Sondermüllanlagen deponiert oder verbrannt werden müssen. Erst seitdem hat sich der Export allmählich als »vierte Säule« etabliert. Manche Umweltschützer beschleicht das dumme Gefühl, dass die eigenen Bemühungen um eine saubere und gesunde Umwelt in

Deutschland bisweilen zulasten anderer gehen. »Die neue Reinlichkeit der Reichen führt zum Müllkolonialismus«, schreibt Greenpeace. Außerdem geht jetzt der Überblick verloren: Man weiß zwar in etwa, wie viel Sondermüll jährlich entsteht, aber nicht, wie viel wann wohin exportiert wird. Je weniger Abfall die heimischen Deponien und Sondermüllverbrennungsanlagen erreicht, desto höher wird der Preis. Desto größer die Versuchung, nach Billiglösungen zu suchen. Solange deutscher Giftmüll unkontrolliert und unregelmäßig in diversen Regionen der Welt untergebracht werden kann, gibt es keine Planungssicherheit für Anlagenbauer und Betreiber.

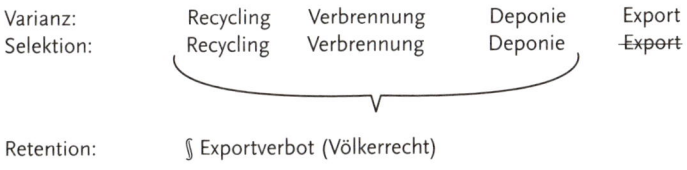

Abb. 1: System der Abfallbehandlung

Im klassischen Dreiersystem ist keine Planung mehr möglich und keine Investitionssicherheit gegeben. Darum muss das vierte, störende Element beseitigt oder so wesentlich reduziert werden, dass es Planungsgrößen nicht beeinflussen kann. Das ist jetzt das politische Ziel.

Aus solcherart Analyse lasst sich noch kein Kampagnendesign für die öffentliche Kommunikation entwickeln. Und die Rumänen und Albaner leiden nicht an mangelnder Planungssicherheit in der deutschen Abfallwirtschaft, sondern unter Hautausschlägen, Grundwasservergiftungen und Paniken.

Hier lässt sich rational und emotional anknüpfen und ein Obersatz entwickeln: »Giftmüllexport ist die Todsünde jeder Abfallwirtschaft.« Er enthält alle Aspekte: Die Körperverletzung und die Umweltvergiftung sind als *Todsünde* unverzeihlich im Unterschied zur lässlichen Sünde. Die Abfall*wirtschaft* spricht den Aspekt der ökonomischen Planung an und damit indirekt ein rationales Eigeninteresse. Und damit sind wir bei der *Arbeit an der Sprache*.

1.2.12 »Thou shalt not dump on thy neighbour« – Begriffe prägen und besetzen

Kampagnenmacher tun gut daran, positive und negative Schlüsselbegriffe zu prägen, um ihr Ziel zu avisieren und den öffentlichen Diskurs zu steuern (zur Strategie des »Begriffe besetzen« allgemein siehe ursprünglich Heiner Geißler 1985, zusammenfassend Wengeler 2005). Sie begeben sich in die Wortschmiede und bauen ein paar neue Vokabeln in die öffentliche Debatte ein.

Die Müllexporteure nennen sie abfällig »Müllschieber«. Kriminell oder verbrecherisch darf man nicht sagen. Denn es ist erlaubt, was sie tun. »Die Legalität ist der Skandal.« Die britischen und amerikanischen Kollegen sagen deshalb zunächst »waste traders«. »Müllhändler«? Wer würde das in Deutschland auf Anhieb verstehen? Und verdammen?

Ein »Schieber« dagegen bewegt etwas von A nach B, und er macht schmutzige Geschäfte. Ein wunderbarer Zufall, dass der englische »trafficker« und der spanische »traficante« (beides Drogendealer) sehr nah beim deutschen Schieber liegen – Slogans sind fast nie übersetzbar. Sinngemäß ins Chinesische übertragen und zurückübersetzt, ist ein Slogan nicht wiederzuerkennen.

Die Industrie und ihre Verbände allgemein sind »zynisch«, »verantwortungslos«, »kurzsichtig profitorientiert«. Der Minister, persönlich ein ehrenwerter Mann, wird der (ungewollten) »Komplizenschaft« mit den Müllschiebern geziehen. Mit Leuten also, die auf »dunklen Wegen« die »Billigentsorgung« in armen Ländern organisieren, häufig »unter der grünen Piratenflagge des Recyclings«. Das Ganze heißt dann »Müllkolonialismus« oder »neuer Ökokolonialismus«, und damit ist ein empfindlicher Nerv der nach-68er Bonner Republik getroffen, was die Arbeit etwas leichter macht. Für Leute, die von postkolonialen Skrupeln weniger geplagt sind, kann man in Radio-

und TV-Interviews auch elementarere Sachen sagen, die außer in wissenschaftlichen Kontexten wie hier nicht druckfähig sind: »Man scheißt nicht in Nachbars Garten« oder so.

Hierfür prägen dann die britischen Kollegen eine nicht weniger elementare, aber feinere, bibelenglische Version: »Thou shalt not dump on thy neighbour«, etwa: »Du sollst keinen Unrat auf deinen Nächsten werfen.«

Es gibt gegen so etwas keine Argumente, nur noch Verstöße. Unvergesslich die Antwort des katholischen Grünen-Politikers (und heutigen Ministerpräsidenten von Baden-Württemberg) Winfried Kretschmann auf eine Journalistenfrage, was an dem und dem Verfahren verkehrt sei: »Das ist unkeusch.« Schluss. So viel zur oben angesprochenen *Anschlussfähigkeit* von Regeln und Normen, deren sich die Entwickler von Kampagnensprache immer bewusst sein sollten. Und: »The best words are the short words, the very best words are the oldest« (Winston Churchill nach Rose 2010). Die ältesten Wörter in europäischen Sprachen sind heute häufig (nur) noch aus ihren Bibelsprachen geläufig, und so sind Wendungen wie »Zeugnis ablegen« und »Hand anlegen« *stärker* als vielleicht »vor Ort demonstrieren« oder »in Aktion treten«.

Freilich ist auch die Gegenseite nicht müßig. Das Bundeskriminalamt (BKA) spricht zunächst von *Mülltourismus* und hat auch seine paar Aktenordner in Wiesbaden zu diesem Thema so beschriftet. Eine sträfliche Verharmlosung. Der Tourist kommt ja, lässt Geld da und geht. Der Giftmüll kommt und bleibt und kostet – Umwelt und Gesundheit. Im Zuge einer eigenen Kampagne für mehr Stellen zur Bekämpfung der Umweltkriminalität wirft die Pressestelle des BKA das Ruder herum und den Begriff *Giftmüllmafia* auf den Markt. Diese Prägung wird sofort von der Pressestelle des Umweltministeriums und zahlreichen Medien übernommen. Ganz so, als ob es sich bei den Müllschiebern um eine besonders gefährliche Dunkelmännerriege handeln würde, denen Politiker nur unter hohem Risiko beikommen könnten. Ein verheerendes Ohnmachtssignal der Politik. In Wirklichkeit sind die Namen der meisten deutschen, österreichischen und auch schweizer Giftmülldealer bekannt, und die Informationen, die Greenpeace erhält und verwertet, stammen großenteils von *Verrätern* aus den eigenen Reihen. Und die Verratenen wissen, wer sie verraten hat. Das Gesetz der Mafia aber lautet: *Omertà o morte – Schweigen oder Sterben.*

1.2.13 Vernichten und besiegen?

Beides nicht, auch nicht beschämen, herabsetzen, die Ehre abschneiden und zum Gesichtsverlust zwingen, siehe oben.

In der Kampagne gegen Müllexporte baut Greenpeace darauf, dass Klaus Töpfer die ewigen Vorhaltungen nicht auf sich sitzen lassen will. Und er wird bei aller noch so scharfen Konfrontation von persönlichen Angriffen oder Herabsetzungen verschont. Er schreibt auch später: »An guten Gegnern wächst man. [...] Greenpeace war immer fair.«

Übrigens wird Töpfer dann von 1995 bis März 2006 der oberste Umweltbeamte der Weltgemeinschaft als Exekutivdirektor des United Nations Environment Programme, UNEP. In dieser Eigenschaft wandelt er sich vom »Greenpeace-Gegner« zum Freund und großen Unterstützer aller Anliegen im Bereich der internationalen Umweltpolitik.

1.2.14 Erfolg kommunizieren

Nach sieben Jahren Recherche und fünf Jahren öffentlicher Kampagnenarbeit ist es geschafft: UNEP beschließt – bereits unter dem Vorsitz von Klaus Töpfer – ein Exportverbot für gefährliche Abfälle von OECD-Staaten in den Rest der Welt. Zwar sind die Stofflisten noch nicht fertig und viele Details noch zu klären, es gibt noch viel zu kritisieren. Und die meisten Kritiker konzentrieren sich hierauf. Aber der *point of no return* ist erreicht, von hier aus gibt es kein Zurück. Deshalb feiert Greenpeace International als Hauptakteur auf der NGO-Bühne.

Wie kann man eigene Erfolge besser feiern als dadurch, dass man andere lobt?

Foto 13: Congratulations (Genf 1995)

Kaum eleganter. Fritz B. Simon freilich zitiert hier den schönen Satz von Albert Camus: »Wir müssen den Papst loben,
denn es ist die einzige Möglichkeit, uns über ihn zu stellen.«
Loben ist eine ganz heikle Angelegenheit, weil mit dem Lob ein
spezielles Beziehungsangebot verbunden ist. Eine Oben-unten-
Beziehung. »Es bekommt leicht etwas Paternalistisches« (Borgeest 2008). Diese Gefahr ist bei dem Verhältnis NGOs/UNO
kaum gegeben, und die Gratulation wird gerne angenommen.
Im Kontext der NGO-Arbeit nicht nur bei UN-Konferenzen
sind Glückwünsche und Danksagungen zu selten, stattdessen beherrschen oft die Klage und die Bitternis angesichts des
nicht Erreichten die Stimmung. Das ist nicht gut. Wer sich
nicht offensichtlich freuen kann oder will, geht mit weniger
guten Karten in die nächste Runde. Und man sollte von seinen
Gegnern nicht nur respektiert, sondern auch gemocht werden
(wollen).

1.3 Subversive Kampagnenführung und Plan-B-Denken

1998 beginnt Greenpeace eine Kampagne zum Thema »Abwrackung von Hochseeschiffen«. Ausgangspunkt ist folgende Problematik: Alle ausgedienten Hochseeschiffe der Welt, egal wem sie gehören, werden an wenigen Orten in Asien abgebrochen: die meisten (ca. 50 %) in Alang im indischen Staate Gujarat, außerdem unweit von Karachi, Pakistan, dann bei Chittagong, Bangladesch, an der chinesischen Yangtse-Mündung und schließlich in Aliaga, Anatolien. 1982 wurde das letzte Hochseeschiff in Europa, in Portugal, dem damals ärmsten europäischen Land, zerlegt.

Der Grund: Auf allen Schiffen der seitdem und aktuell zum Abbruch kommenden Baugenerationen (jetzt etwa 1965–85) werden beim Abbruch Asbestfasern und -stäube aus Isolierungen und Wandungen in erheblichen Mengen frei. Die Schiffe werden in Handarbeit mit Trennschneidern in tragbare Stücke zerlegt, dabei verbrennen giftige Farben, die giftigen Qualm erzeugen. Die Leute arbeiten ohne Körperschutz. Es gibt massenhaft tödliche Unfälle, schwere Verbrennungen und Verkrüppelungen. In Indien haben über ein Drittel aller damit Beschäftigten Asbest im Körper. Asbest verursacht zunächst Asbestose, eine Staublunge, und später das Mesotheliom, einen Krebs im Lungen- und Rippenfell. Auch der Rauch der giftigen Farben ist krebserregend.

Die Giftmüllkampagne der frühen 1990er-Jahre hat öffentlichen Erfolg erst, als es *Bilder vom Tatort* gibt. Bei der Sichtung des vorhandenen Bildmaterials zum Thema »Schiffsabwrackung« ergibt sich, dass das Thema attraktiv für berühmte und bedeutende Fotografen ist, wie die Beispiele auf den Fotos 14–16 zeigen.

© Sebastião Salgado/Amazonas Images/Agentur Focus

Foto 14: *Sebastião Salgado, der berühmte brasilianische Arbeiterfotograf, porträtiert den* working class hero *in Bangladesch*

Foto 15: *Indische Abwrackarbeiter auf dem Weg zur Arbeit ...*

Foto 16: ... und beim Schleppen von Stahlteilen

Immerhin, an diese Bilder lässt sich anknüpfen, sie sind recht bekannt. Aber mit heroisch-ästhetischen Fotos kann man kein Problem illustrieren. Man braucht also eigene Bilder, *Problembilder.*

1.3.1 Und noch einmal: Das Gegnerkonstrukt

Man braucht bei so einem Thema wiederum einen *Gegner,* jemanden, der Schiffe auf den berühmtesten Schrottplatz der Welt, nach Alang, verbringt. Alle deutschen Reeder tun dies. Wer aber ist der »beste Gegner«? Der beste Gegner könnte zum Beispiel die größte deutsche Reederei sein; oder die »schmutzigste«. Die Wahl fällt aber weder auf die größte noch auf die schlimmste, sondern auf diejenige mit dem besten Ruf, die aber gar nicht die größte ist. Sondern: die *empfindlichste.* Die Erfahrung lehrt, dass Reedereien äußerst schwierig zu beeinflussen sind. Ihr Gewerbe, die Handelsschifffahrt über die Weltmeere, ist das älteste globalisierte Geschäft und das mit den wenigsten hoheitlichen Regelungen.

Es gilt also, eine Reederei zu finden, die – über die Bande, einen B-Plan in diesem Fall – dennoch empfindlich getroffen werden kann. Damit schränkt sich die Wahl auf zwei ein. Hapag-Lloyd[3] betreibt auch ein Reiseunternehmen mit eigenen Büros (TUI). Da wird ein erhebliches Tourismusgeschäft abgewickelt. Hapag-Lloyd hat, wie alle anderen auch, seit 1982 kein Schiff mehr auf einer europäischen Werft zerlegen lassen, sondern meist nach Indien verkauft. Sollte Hapag-Lloyd als Reederei keine Reaktion auf kritische Vorhalte zeigen, könnte man trefflich Theater vor den TUI-Reisebüros machen und etwa sagen: »Bei Hapag reist das Gift noch gratis.« Oder hässliche Bilder zeigen und dazuschreiben »Hapags Mit-Gift für Indien: Asbest.«

Die Hamburg Südamerikanische Dampfschifffahrts-Gesellschaft, kurz Hamburg Süd, gehört einem Lebensmittelriesen, dem Bielefelder Konzern Dr. Oetker. Dessen Produkte, von Langnese-Eis bis zu Deutschlands beliebtester Pizza, kennen auch alle (siehe z. B. unter: http://www.oetker.de/oetker/pro-dukte/pizza/pizza tv.html [21.10.2011]). Die Erfahrung lehrt wiederum, dass Unternehmen der Lebensmittelbranche mittlerweile hochempfindlich auf Verbraucherkritik reagieren. Heute würde man sich zum Beispiel vielleicht in die in der Klammer genannte Seite hineinhacken und schön schlimme Bilder aus Indien zeigen. Der Zufall ergibt: Im Meldesystem der Schiffsversicherer auf »Lloyd's List« erscheint der Containerfrachter *Columbus New Zealand* aus dem Eigentum von Hamburg Süd, der gerade in Alang ausgeschlachtet wird. Damit steht die Planung.

Plan A: Die Abwrackpraxis in Indien wird skandalisiert und Hamburg Süd zur Veränderung seiner Entsorgungspraxis aufgefordert. Wenn Hamburg Süd nicht reagiert, kommt Plan B:

---

3 1970 entstand die Hapag-Lloyd AG durch Fusion der beiden Reedereien Hamburg-Amerikanische Packetfahrt-Actien-Gesellschaft aus Hamburg (gegr. 1847) und der Norddeutschen Lloyd aus Bremen (gegr. 1857) (http://de.wikipedia.org/wiki/Hapag-Lloyd [21.10.2010]).

Dr. Oetker wird wegen gesundheitsschädlicher Praktiken in Indien angegriffen.

1.3.2 Verdeckte Ermittlung und Wechsel der Identität

Die Abwrackareale in Alang, zehn Kilometer Strand mit 190 Unternehmen, sind jedoch für die Öffentlichkeit gesperrt. Ein in Hamburg eigens gegründeter Klub namens »Friends of Great Merchant Ships« nimmt Kontakt mit der Gujarat Shipbreaking Association, dem Verband der in Alang tätigen Abbruchunternehmer, auf. Die Bitte der Schiffsfreunde: Wir möchten als Fanclub gern in Alang das Schiff inspizieren, um Fotos zu machen und »Gegenstände für den Klubraum« wie die Schiffsglocke oder den Schlüssel zur Brücke einzusammeln. Der stolze Eigentümer lässt sich darauf ein.

Das Hamburger Team gelangt tatsächlich nach einem Fußmarsch durch das Watt an Bord der *Columbus New Zealand*. Es wird aber auf dem Schiff beim Abkratzen von Farben und Kabelverkleidungen erwischt und erhält Platzverbot. Es gibt hässliche Anrufe im Hotel. Aber die Asbest- und Farbproben sind ausreichend, die Arbeitsplatzverhältnisse dokumentiert, die Problembilder sind im Kasten. Die Hälfte des Materials wird per DHL nach Deutschland geschickt, der Rest mit dem Foto- und Videografen werden auf den nächsten Flieger nach Europa gesetzt.

Verdeckte Recherche

Die verdeckte Vorortrecherche wirft grundsätzliche ethische Fragen auf: Wann ist ein solches Vorgehen gerechtfertigt? Welche Vorkehrungen sind zu treffen und welche Grenzen zu beachten? Hierbei hält man sich am besten an die Empfehlungen des Deutschen Presserates:

»Unwahre Angaben des recherchierenden Journalisten über seine Identität und darüber, welches Organ er vertritt, sind grundsätzlich mit dem Ansehen und der Funktion der Presse nicht vereinbar. Verdeckte Recherche ist im Einzelfall gerechtfertigt, wenn damit Informationen von besonderem öffentlichen Interesse beschafft werden, die auf andere Weise nicht zugänglich sind« (Deutscher Presserat 2007).

Greenpeace war bekannt, dass Journalisten seit Jahren keinen Zugang mehr zu den Abwrackplätzen in Alang hatten. Eine offizielle Anfrage als Umweltorganisation hätte zu einer Abfuhr geführt – und überdies die betroffenen Unternehmen vorgewarnt. Deshalb wurde eine Rolle gewählt, die das Rechercheteam in völlig legaler Weise einnehmen konnte. Als »Touristen« und Schiffsliebhaber machten sich die Mitarbeiter auch durch das Fotografieren und Filmen zunächst nicht verdächtig. Erst die Probenentnahmen führten zur Enttarnung und zum Platzverweis.

Die Anforderung, die der Deutsche Presserat an verdeckte Recherchen stellt, nämlich dass Informationen von besonderem öffentlichen Interesse beschafft werden, die auf anderem Wege nicht zugänglich sind, wird durch den konkreten Fall erfüllt. Der anschließende zweite Identitätswechsel (s. u.) basiert auf den gleichen Prämissen. (So auch Redelfs 2003.)

Das Restteam wechselt die Identität und wird zur Touristengruppe, denn es gilt noch, die Vergiftung des Küstengewässers und der ländlichen Umgebung zu belegen. Statt des großen Toyota-Jeeps, den die Truppe vorher hatte, wird jetzt ein einfacher indischer Buckel Pkw von Tata gemietet und es werden Touren in Nationalparks gebucht. De facto schleichen die Umweltschützer in den Dünen hinter den Abwrackplätzen herum, laufen durch das Watt und nehmen Schlamm- und Bodenproben.

1.3.3 Die Problembilder

Foto 17: Giftiger Rauch von brennenden Farben

Foto 18: Asbest ausbrechen im Freizeithemd

Foto 19: Sie trägt Asbest ins Meer

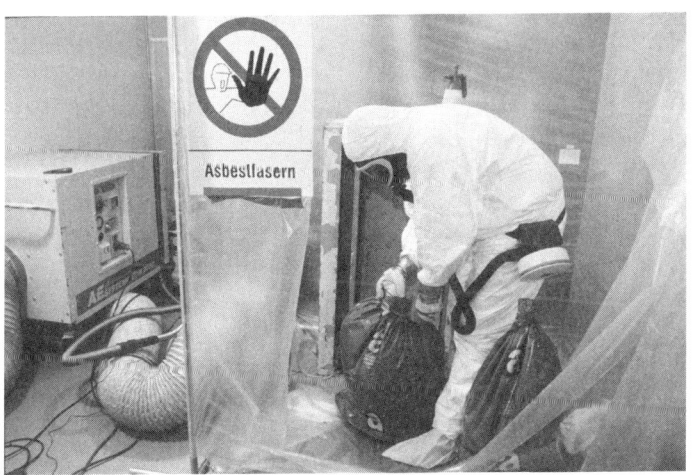

Foto 20: Asbestsanierung in Deutschland

So wie Slogans zunächst nicht ohne Kontext verständlich sind, bedürfen auch Bilder noch der Erklärung; mit den letzten beiden Asbest-Bildern (Fotos 19 und 20) ist aber im Grunde die Gesamtproblematik der Schiffsabwrackung erzählt.

1.3.4 Direkter Angriff – Plan A

Hamburg Süd wird mit den Rechercheergebnissen aus Indien konfrontiert und leugnet schlichtweg die Anwesenheit von gesundheits- und umweltschädlichen Substanzen auf seinen ausgedienten Schiffen. Sieht insoweit keinen Handlungsbedarf und möchte auch mit Greenpeace nicht darüber sprechen. Nun stünden die Kritiker dumm da, hätten sie keinen zweiten Plan, Plan B.

1.3.5 Über die Bande – Plan B

Auf dem Marktplatz von Bielefeld, dem Hauptquartier von Dr. Oetker, wird folgendes Arrangement in Großplakaten aufgebaut: links oben »Dr. Oetker Krebsexport« als Firmenlogo. Rechts der ziemlich gemeine Spruch: »Puddingpulver für Deut-

Foto 21: Dr. Oetker und Asbest

sche – Asbeststaub für Inder«. Und dazwischen das Foto mit dem indischen Arbeiter, der in Freizeitkleidung ohne jeden Schutz und ohne jede Ahnung asbesthaltige Isoliermasse aus dem Hamburg-Süd-Schiff ausbricht und sich nichts ahnend der tödlichen Krebsgefahr aussetzt. Im Hintergrund das teils schon abgebrochene Schiff, das Kundige unschwer als der Columbus-Baureihe zugehörig erkennen.

1.3.6 Erfolg

Diese Aktion ist erfolgreich. Frau Oetker ist am Tag der Aktion auf dem Weg zum Marktplatz. Wie sie die Plakate sieht, dreht sie um und ruft in Hamburg, bei Hamburg Süd, an. »Sie müssen mit Greenpeace sprechen.« – »Warum?«, fragt Hamburg Süd. »Weil ich in meiner eigenen Stadt nicht mehr einkaufen gehen kann.« Ist es Bedingung, dass Frau Oetker an diesem Tag überhaupt in Bielefeld ist? Nein, aber der Druck soll auf die Eigentümer verlagert werden, nachdem das Schiffsmanagement sich stur stellt. Dass Frau Oetker selbst die Plakate sieht, erfährt Greenpeace erst Jahre später.

Jedenfalls gibt es ab sofort einen intensiven Informations- und Erfahrungsaustausch zwischen Greenpeace und Hamburg Süd. Hamburg Süd anerkennt, auch öffentlich, dass die Verhältnisse in Indien untragbar seien, und legt detaillierte Schadstofflisten für seine ausgedienten Schiffe an, sodass man beim Abwracken mit Vorsicht und Schutzmaßnahmen an bestimmte Stellen herangeht. Und peilt neue Entsorgungsmöglichkeiten in China an. Greenpeace will mitreisen und die Vorgänge dokumentieren. Hamburg Süd will Greenpeace nicht dabeihaben. »Wenn da was nicht perfekt läuft, wird Greenpeace uns wieder angreifen, selbst wenn es an den Chinesen liegt!«, sagt der Vorstand. Die Antwort ist: »Nein, in keinem Fall werden wir Sie angreifen, sondern den Chinesen Vorschläge zur Verbesserung der Praxis machen.« Wieso diese Wendung? Es ist keine Wendung. Hamburg Süd ist eigentlich gar kein Gegner, kein Feind. Hamburg Süd war instrumentell dafür, das Thema in die Öffentlichkeit zu bringen; und auf die Tagesordnung der International Maritime Organization (IMO), der UN-Abteilung für die Seeschifffahrt. Vielen Dank! Das ist gelungen, da hat es keinen Sinn mehr, auf Hamburg Süd herumzudreschen.»Ach, so ist das mit Ihren Kampagnen!«, sagt der Vorstand. So ist es.

(Manche Leser oder Leserinnen werden wissen, dass immer wieder einmal Proteste gegen die Zustände bei der Schiffsverschrottung laut werden. Die Greenpeace-Initiative hat zu einer Reihe von technischen Empfehlungen der IMO geführt, die aber bisher nur sehr unzureichend eingehalten werden. Es fehlt die völkerrechtliche Verbindlichkeit.)

1.3.7 Ziele ändern und Handlungsebenen wechseln

Im Abschnitt 2.4.3 wird darauf hingewiesen, dass Kampagnenziele operationalisierbar und »SMART« sein sollten. Geläufig ist, dass man als Kampagnenmacher »B-Pläne« vorhalten muss: Für den Fall, dass es nicht so geht, wie wir uns das zuerst gedacht haben, dann denken wir uns schon vorsorglich was anderes aus – oder notfalls im letzten Augenblick. Das Plan-B-Denken bezieht sich aber nicht nur auf die Wege zum Ziel, sondern auch auf das Ziel selbst, zumindest im taktischen Bereich. Warum also muss man Ziele verändern? Einmal, weil Voraussagen schwierig sind ... zumal wenn sie zukünftiges Verhalten anderer betreffen ... Dann aber strategisch-taktisch. Man darf aus selbst angezettelten Kampagnen nicht als Verlierer hervorgehen. Anders gesagt: Man darf planerisch keine Situation zulassen, in der ein Beobachter glaubt, man habe die Sache verloren. Es ist ja nicht so, dass eine Niederlage eine Niederlage ist und dass das irgendein Zweiter oder Dritter festlegen könnte. Zur Kampagne, in der der Akteur Herr des Verfahrens ist, gehört, wenn irgend möglich, die Interpretationshoheit über den Ausgang des Spiels. Zur Kampagnenplanung gehören die Vorbereitung und Schaffung der Konditionen, unter denen der Akteur *selbst Erfolg oder Misserfolg definiert* und nicht andere. Es ist nämlich alles nur oder vor allem Kommunikation. Das bedeutet nicht, dass wir die Idee, das Anliegen, das Globalziel aufgäben.

Aber und nur dann, wenn für alle Beobachter Kampagnen offensichtlich scheitern, sollen die Akteure sagen: »Wir haben's verloren, weil ...« Sich nicht verkriechen, sondern die Interpretation selbst in die Hand nehmen, eigene Schwächen einräumen und damit den moralischen Sieg oder auch nur Gewinn sichern. *Schlechte Verlierer versündigen sich an ihren guten Zielen.*

Beispiel: Eine Chemiefirma nahe Oppeln/Opolje im polnischen Südschlesien vergiftet durch ihre Abwässer die Oder, die bei Stettin in die Ostsee mündet. Die internationale Helsinki-Kommission hat das Ziel formuliert, alle giftigen Einleitungen in die Ostsee zu stoppen. Unter dieser Globalforderung möchte die Umweltgruppe Natura lokal aktiv werden: Wir wollen die Verschmutzung der Oder durch giftige Abwässer der Firma beenden. Natura hat folgenden Aktionsplan:

Zwölf starke Leute in Schutzanzügen verstopfen das Abwasserrohr der Firma, das direkt oberirdisch in die Oder führt, mithilfe einer vorgefertigten passgenauen Holzkonstruktion. Ergebnis hinten: Das Wasser in der Abwasseranlage der Firma staut sich auf; vorne spritzt es während der Aktion nach allen Seiten, was spektakuläre Fotos und Videos verspricht. Idealerweise wird das Rohr komplett geschlossen.

Das Ziel ist eine verbindliche Erklärung der Betriebsleitung, sie werde künftig die vorgeschriebenen Grenzwerte einhalten. Der verantwortliche Campaigner ist unerfahren, und ihm wird ein Berater zur Seite gestellt, der in der Nacht vor der Aktion eintrifft. Der Berater hat nach einem Telefonat die Befürchtung, die Aktion könne mit einer öffentlichen Niederlage und Blamage enden. Mit und nach dem folgenden Coachingdialog wird die Lage gerettet.

Berater: Wie lange wollt ihr das Rohr verstopfen? – Campaigner: Bis wir die verbindliche Erklärung haben. – Bis zu welcher Zeit soll die Firma die Erklärung abgeben? – Bis zum Abend, Feierabend. – Was passiert, wenn die Firma keine Erklärung abgibt? – Dann kommen wir wieder. – Habt ihr darüber schon entschieden, und gibt es ein Budget dafür? – Nein. – Bevor ihr nicht eine interne Entscheidung über eine Maßnahme und das Geld dafür habt, kann man die Maßnahme nicht öffentlich ankündigen. Wenn sie dann nämlich ausbleibt, hat der Gegner gelernt, dass man öffentliche Ankündigungen nicht ernst nehmen muss. Für wann sind die Medien eingeladen? – Für zehn Uhr, wenn die Aktion steht. Damit es schöne Bilder gibt. – Und so weiter.

Der neu entwickelte B-Plan sieht am Ende vor, dass die Erklärung für 13 Uhr verlangt wird, bis dann kann man die Medienpräsenz am Ort halten. Wenn die Erklärung kommt, kann man einen Sieg verkünden. Wenn sie nicht kommt, fährt man mit der Dokumentation der Abwasseranalyse direkt zu dem zuständigen Beamten bei der zuständigen Woiwodschaft (Bezirksregierung). *Und legt die Angelegenheit in seine Hände.* Kopie an das Umweltministerium nach Warschau. Dies wird natürlich den Medien vor Ort um 13 Uhr mitgeteilt.

Mit diesem gestrafften Plan ist Zeit gewonnen, hat man volle Medienpräsenz während der ganzen Auseinandersetzung, hat man wirksam aufmerksam gemacht auf das Problem und deutlich gemacht, wer eigentlich handeln muss: der Staat als Mitglied der Helsinki-Kommission. Natura hat *keine Niederlage eingesteckt, sondern die Sache weitergetrieben und ist selbst kein Commitment eingegangen*, an der Sache dranzubleiben.

Mit diesem Ende ist der Tag rund, und es bleiben keine Fragen offen, der Ball liegt in einem anderen Feld: bei den Behörden; und Natura hat alle Optionen offen. Wäre man beim ursprünglichen Plan geblieben, hätte die Schlagzeile gelautet: »Firma verweigert Zusage ...« So kann es heißen: »Umweltschützer verstopfen Abwasserrohr – Anzeige bei Woiwodschaft.« Man hätte das alles auch improvisieren können, aber mit einem gewichtigen Nachteil: Wenn man den Medien gesagt hätte, wir erwarten heute Abend eine Erklärung, wären die natürlich um 11 Uhr abgereist, nachdem sie ihre Bilder und Interviews im Kasten gehabt hätten. Wenn man sagen kann, um 13 Uhr ist hier Schluss, dann sieht die Sache anders aus. Deshalb ist es besser, die *erwünschte Interpretation und Deutung zu antizipieren* und die Lage entsprechend zu gestalten.

2 Der Plan

» Ja, mach nur einen Plan,
Sei nur ein großes Licht!
Und mach dann noch 'nen zweiten Plan,
Geh'n tun sie beide nicht.«
Bertolt Brecht, Dreigroschenoper

Im ersten Kapitel wurden die wichtigsten handwerklichen Elemente und Handlungsfiguren der Kampagnenarbeit vorgestellt. Im zweiten Kapitel werden die Voraussetzungen und Bedingungen von Planung und das Plänemachen selbst dargestellt.

2.1 Akteur, Thema und Ziel – Verschiedene Kommunikationsmuster

Je nachdem, wer man ist und was man anstrebt, entscheidet man sich für bestimmte Kampagnentypen. Politiker machen Wahlkampagnen, Imagekampagnen, Informations- oder Kommunikationskampagnen. Unternehmen und Verbände betreiben Lobbykampagnen, die sich an die Politik richten. Politiker und Lobbyisten erleben Produktwerbungskampagnen wie alle anderen Menschen auch. PR-Agenturen betreiben ständig Imagekampagnen für Unternehmen und Politiker. Informationskampagnen werden hauptsächlich von Regierungen, Behörden und verschiedenen NGOs betrieben. Kommunikationskampagnen sind die zeitgemäße Form der klassischen Informationskampagnen, indem sie von vornherein *interaktiv* angelegt sind und mehr bieten als nur »Schreiben Sie eine E-Mail an Frau Merkel ...«

Und je nach Kampagnentyp wird auf verschiedene Weise geredet. In der Imagekampagne redet der Kandidat oder die Partei über sich selbst – Produkt und Werber sind identisch. Bei der Produktwerbung treten die Werber hinter »es« (das Produkt) zurück und werben über Preis oder Thema. Bei der Markenwerbung wieder ist es manchmal ähnlich wie im Wahlkampf – Trigema (Textilien) oder Liqui Moly (Motorenöle): Der Chef selbst tritt vor die Kamera, und sei es, wie im ersten Fall, erst nach einem Affen. Bei den politischen Kampagnen geht es häufig um die Interessen Benachteiligter oder Minderheiten oder etwa Hungernde in anderen Erdteilen. Die Kampagne spricht dann über »sie«, diese Menschen. Es gibt auch Institutionen wie die arbeitgeberfinanzierte Initiative Neue Soziale Marktwirtschaft, die sich einem Thema widmen und regelmäßig Kampagnen für weniger Staat in der Wirtschaft fahren. Von dieser INSM stammt zum Beispiel der immer wieder gern gehörte Slogan: »Sozial ist, was Arbeit schafft.« (In der alten sozialen Marktwirtschaft hieß es »Eigentum verpflichtet«.)

Meist werden *alle* angesprochen, immer häufiger aber doch bestimmte *Zielgruppen* angepeilt, wonach dann auch die Auswahl der Verbreitungsmedien sich richtet. Am *breitesten* aufgestellt ist die *politische Veränderungskampagne*, die immer auch Elemente der anderen Typen mit einbezieht. Sie arbeitet durchaus auch mit Instrumenten der Wahlwerbung und Imagebildung und betreibt obendrein nicht öffentliche Lobbyarbeit.

Die reine *Lobbykampagne wiederum ist der engste aller Typen*, weil sie sich nur direkt an Entscheider wendet und meist gar nicht öffentlich gesehen werden will. Große Investitionen in diesem Bereich kommen aus der Waffen- und Tabakindustrie, der Spirituosen- und Pharmabranche sowie der Atomwirtschaft. Hier wird auf öffentliche Legitimation und Unterstützung mangels guter Aussichten oft gleich ganz verzichtet.

Dennoch ist Lobbyismus per se *zu Unrecht verrufen*, nur weil er auch Interessen im Bereich zweifelhafter Produkte und Interessen bedient. Eine reine Lobbykampagne mit bescheidenen Mitteln und überschaubaren Zielen für legitime Zwecke ist völlig in Ordnung. Man muss nicht für alle Anliegen die Öffentlichkeit mobilisieren oder, anders gesehen, behelligen wollen. Öffentlichkeit kann mehr Verwirrung stiften und Aufwand verursachen, als einer Sache guttut. Und die öffentliche Aufmerksamkeit ist immer ein knappes Gut, siehe »Luhmanns Themenkarrieren«

(2.2.2). Schließlich fragt man sich am besten, ob man Öffentlichkeit denn überhaupt braucht oder sie nur aus Eitelkeit sucht. Oder sie aus Imagegründen benötigt. Oder zum Fundraising.

Prinzipiell ist Lobbying in der Demokratie nicht nur funktional, sondern auch legitim. Die Probleme sind:

- Asymmetrie der Machtgewichte
- Intransparenz
- Nebentätigkeiten und
- Seitenwechsel der Beteiligten.

Zur Regulierung der Lobbyarbeit wird immer wieder vorgeschlagen (zuletzt von Kolbe, Hönigsberger u. Osterberg 2011; mehr zu Lobby in Kap. 2.3):

- die Akkreditierung von Lobbyisten
- ein umfassendes und verbindliches Transparenzregister
- ein Verhaltenskodex
- Veröffentlichung aller Papiere, die zur Beeinflussung parlamentarischer Entscheidungen erstellt werden
- Begrenzung von Nebentätigkeiten
- Karenzzeiten bei Seitenwechseln
- Verbot von Leihbeamten.

Am anspruchsvollsten und frustrierendsten sind Kampagnen, die das Verhalten größerer Mengen von Menschen positiv verändern wollen: Strom oder Sprit sparen fürs Klima; die Haut besser vor UV-Strahlen schützen; gesund essen; sich genug bewegen für die eigene Gesundheit. Gerade Präventionskampagnen – vom Typ her interaktive Kommunikationskampagnen oder zumindest Informationskampagnen – im Gesundheitsbereich binden zuweilen immense öffentliche Mittel und nützen nichts bis wenig, weil sie schlecht gemacht sind.

2.1.1 Kampagnentypen
Die Übersicht in Tabelle 1 versucht, Kampagnentypen zu isolieren nach den Kriterien: Wer sendet die Botschaft – an wen – worüber – durch welche Mittel – mit welchem Ziel (Zweck)?

Typ	Sender	Empfänger	Objekt	Öffentliche Medien	Ziel/Zweck
Wahlkampf	ich/wir (Politiker, Partei)	alle (Wahlvolk)	ich (wir)	alle	Wählen (einmaliges Verhalten)
Imagewerbung	ich/wir	Zielgruppen	ich/wir	ausgewählt	Wertschätzen (Einstellung)
Produktwerbung	Unternehmen	Zielgruppen	es (das Produkt)	ausgewählt	Kaufen (einmaliges oder wieder-holtes Verhalten)
Informationskampagne	Organisation	Zielgruppen, alle	Sachverhalt, Problem	ausgewählt, alle	Verstehen, Wissen (Kognition)
Kommunikations-kampagne (z. B. Präventions-kampagne)	Organisation	Zielgruppen INTERAKTIV	es (das Problem)	ausgewählt INTERAKTIV	Verhalten ändern
politische Veränderungskampagne (issue advocacy)	Organisation, Verband	alle, Zielgruppen, Unterstützer, Entscheider	es (das Problem oder Anliegen)	alle	Verhältnisse ändern (Verhaltensänderung durch Gesetze, Konditionierung)
Lobbykampagne, Lobbyarbeit	Organisation, Verband, Unternehmen	nur Entscheider	es (das Problem oder Anliegen)	keine, allenfalls Fachmedien	Verhältnisse, Regeln und Gesetze ändern zu eigenen Gunsten

Tab. 1: Kampagnentypen

2.2 Zeit und Rhythmus

Um gelegentlich eine Kampagne machen zu können, muss die Gelegenheit auch gut sein. Das ist erst einmal der Zeitpunkt, *die Gunst der Stunde* oder auch *einmalige Gelegenheit* (s. Foto 22).

Foto 22: »Jetzt oder nie!«

Abgesehen von solch singulären Situationen aber gibt es im politisch-religiös-kulturellen Jahresablauf eine ganze Reihe Ausschlussdaten, heikle Tage, günstige Tage und Pflichtdaten. Schlecht sind die Tage, an denen man keinen Punkt machen kann und deshalb ruhig bleiben sollte. Das sind Nationalfeiertage, Weihnachten und Ostern – es sei denn, man führt einen neuen Messias vor. Sodann wichtige Fußballspiele, Weltmeisterschaften und Olympiaden, wichtige Gedenktage und Wahlen. In der englischsprachigen Welt spielt Cricket eine Rolle, auf dem europäischen Kontinent nicht. In Spanien und Russland ist der 6. Januar ein wichtiger Feiertag, im Rest Europas nicht. Es gibt also nationale und internationale Tabutage für fast alle Themen, sie bilden den *Ausschlusskalender*.

Es gibt *heikle Tage*: Geschiedene Väter, die bessere Besuchsrechte bezüglich ihrer bei den Müttern lebenden Kinder erstreiten möchten, sollten sich überlegen, ob sie sich ausgerechnet am 8. März, dem Internationalen Frauentag, zu Wort melden. Ich sage nicht vermeiden, sondern überlegen, ob es ihnen eher nützt oder schadet, und die Initiative entsprechend gestalten.

Im *Anschlusskalender* dagegen stehen die Tage, an denen das eigene Thema besonders interessant und anschlussfähig ist – so wie der 1. Mai für sozialpolitische Themen und die Friedenspolitik. Der 5. Juni für Umweltthemen, der 6. August (Hiroshima) für Atom- und Abrüstungsthemen etc. Da kann man an große Schiffe andocken oder auf einer breiten Welle surfen, vor allem, wenn man den Medien *neue Informationen* bieten kann, die die allerorten geübten öffentlichen Rituale anreichern oder konterkarieren.

Auf dem *Pflichtkalender* stehen bei politischen Kampagnen natürlich die Tage, an denen die für das Thema zuständigen Gremien tagen, Anhörungen veranstalten, diskutieren und schließlich entscheiden. Hier ist die Kunst gefragt, in geschickter Weise zu bestimmten Terminen *von außen Stimmung* zu machen und gleichzeitig von *innen durch Lobbyarbeit* das eigene Anliegen zu fördern. Die Agenda solcher Gremien kann man beeinflussen, kaum jedoch die zeitlichen Abläufe, und so muss man immer darauf gefasst sein, dass das eigene Thema abgesetzt oder verschoben wird. Wer viel Einfluss auf Gremien hat, kann sich die luhmannschen »Themenkarrieren« (2.2.2) vor Augen halten und die Tagesordnung der jeweiligen Sitzungen entsprechend günstig gestalten und orchestrieren.

2.2.1 Das Sommerloch

Nicht zu verachten ist das nachrichtenarme *Sommerloch*, in das man Themen platzieren kann, die etwas mehr als einen Zweispalter brauchen, um verstanden zu werden. Hier fallen zwei Dinge zusammen: Die etablierte Politik macht Pause, das heißt, die Routineberichterstattung über Parlaments- und Kabinettssitzungen, Ausschüsse, Fraktionen und Parteitage entfällt. Dadurch entsteht Freiraum in den Medien, die ihre Berichtsvolumina ja nicht einschränken wollen, weil Politiker in Urlaub sind. Gleichzeitig sind aber auch viele Medienmenschen, deren familiäre Urlaubsplanung von Schulferien abhängig ist, nicht am Platz. Günstig in solcher Zeit ist, den Medien gut verarbeitete Berichte und Reportagen, Hörstücke fürs Radio, Videoclips und Filme anzubieten, die ein Minimum an Weiterbearbeitung erfordern. In Urlaubszeiten haben Printmedien weniger verkaufte Auflage, dafür ist die *Lesequote* pro Ausgabe höher, es wird länger und mehr gelesen und von mehr als einer Person.

All dies ist so weit planbar. Nicht vorhersehbar sind Kriegs- oder Vulkanausbrüche oder dass ein Papst sich zum Sterben legt oder 9/11. In Zeiten von Natur- oder Technikkatastrophen mit Toten haben neue Themen schlechte Chancen. Dies lehrt uns, dass es nicht reicht, die Ausschlusstage zu meiden und die Anschlusstage zu suchen. Sondern: Wir dürfen niemals den Erfolg einer Initiative von einem *einzigen Datum* oder *engen Zeitfenster* abhängig machen, denn wir wissen nicht, was sonst am diesem Tag oder in dieser Woche auf der Welt passieren wird.

2.2.2 Themenkarriere und Kampagnenplanung

Zunächst also zum Zeithorizont jeder Kampagnenplanung. Bekanntlich lässt sich öffentliche Aufmerksamkeit schwer erringen, noch schwerer halten und schon gar nicht auf Dauer stellen. Als einer der Ersten hat Niklas Luhmann 1970 ein Vier-Phasenmodell für »Themenkarrieren« in der medialen Öffentlichkeit entwickelt, das immer wieder gern benutzt wird (z. B. Berens 2001).

Zum Glück sind die allermeisten denkbaren Themen immer latent. Sonst würden wir verrückt werden. Nur ganz wenige Problemthemen schaffen den Durchbruch in die öffentlichen Medien. Bei aller Betriebsamkeit schläft doch der allergrößte Teil der Welt unbeachtet vor sich hin. Spezialisten befassen sich, die Öffentlichkeit interessiert sich nicht, und die Spezialisten sind auch in der Regel gar nicht groß an Aufhebens interessiert. Wenn nun ein Thema, sagen wir »Gammelfleisch« oder

»EHEC« die Öffentlichkeit erreicht und die Medien beherrscht (Durchbruch), sind natürlich die Entscheider, ist die *Politik gefragt.*

Karriere von Themen in der öffentlichen Wahrnehmung nach Luhmann – gespiegelt mit den Aufgaben des Kampagneplaners

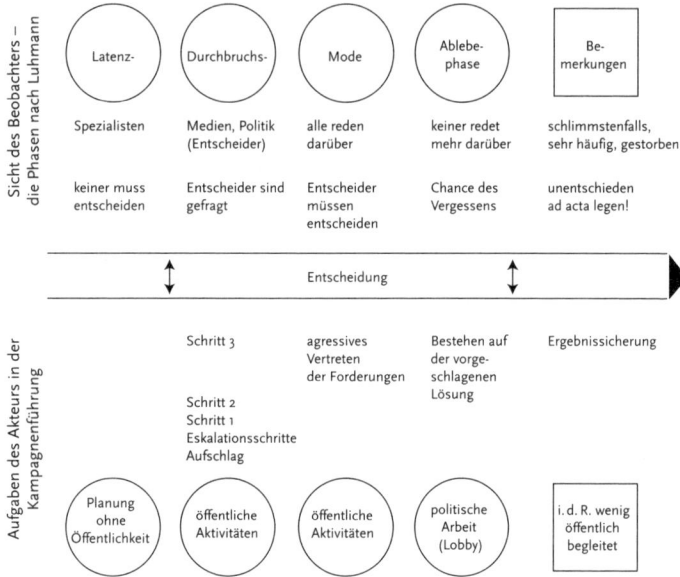

Abb. 2: Kampagnendramaturgie: Themenkarrieren und die Aufgaben der Kampagnenführung

Wenn das Thema in die Modephase kommt und an jedem Stammtisch beredet wird, *müssen die Entscheider »entscheiden« oder wirklich entscheiden.* »Entscheiden« heißt in diesem Kontext, eine Problemlösung ankündigen und es dabei belassen, und keiner fragt nach, weil das Thema *abgelebt* ist. Oder eine Entscheidung treffen, die das Problem nicht wirklich löst, was aber nur die Spezialisten bemerken, die aber schon nicht mehr gefragt sind, eben weil das Thema abgelebt, das heißt ja eigentlich nur durch andere überlagert ist. So in jüngerer Zeit geschehen mit dem Problem *Dioxin in Eiern*. Das Thema kam am 23. Dezember 2010 auf, erreichte aber den Durchbruch – wegen der Feiertage – erst im Januar 2011. Schnell wurde klar, dass das Gift aus Futtermitteln stammte. Das Problem sollte im Juni 2011 durch ein Bundesgesetz gelöst werden. In diesem Gesetz fehlt die einzig wirksame Maßnahme, nämlich die lückenlose Laborkontrolle jeder Eingangscharge bei den Futtermittelproduzenten. Engagierte Spezialisten und Kampagnenmacher wollen aber eine richtige Entscheidung, die das Problem löst. Nur finden sie in den Medien kein Gehör mehr, denn das Thema ist eben – »abgelebt«.

Wenn es um chronische Probleme geht, gibt es die Chance »beim nächsten Mal«, also in diesem Fall beim nächsten Dioxinskandal im Zusammenhang mit Eiern oder Fleischprodukten, sich durchzusetzen. Dazu braucht es langen Atem und eine aufmerksame Beobachtung der Politik hinter den Kulissen.

Betrachten Sie jetzt bitte den Mittelbalken der Grafik: Wir als Kampagnenmacher wollen eine *Entscheidung*. Die Politik will sie meist vermeiden, und die Medienwirtschaft schaut eher auf die Einschalt- und Lesequote. Sie surft auf und steuert zum Teil selbst Erregungskurven in der öffentlichen Stimmung, sie *bewirtschaftet die Aufmerksamkeitspotenziale*.

Damit wir nun, wenn wir Kampagnen planen oder in welche hineingeraten, diesem Durchbruch-Mode-Ablebe-Mechanismus nicht hilflos ausgeliefert sind, können wir versuchen, für jede Luhmann-Phase die entsprechende Aufgabe des Kampagnenmachers zu definieren und in der Darstellung nach unten zu spiegeln. Betrachten Sie deshalb jetzt das untere Drittel der Grafik.

Organisationen, Verbände, politische Parteien mit einem bestimmten Portfolio an Themen denken oder planen im Stillen immer an irgendetwas herum, latent, ohne Öffentlichkeit. Auf zwei Weisen erscheinen sie dann plötzlich in der Öffentlichkeit.

(1) Sie beginnen selbst, sie treten aus eigenem Antrieb eine Kampagne los. Das ist der seltenere Fall.

(2) Etwas passiert, was zu ihren Themen passt. Andere oder auch nur sie selbst halten sie/sich für kompetent. Dann haben sie gar schon eine Art Plan, und jetzt kommt die Gelegenheit; oder sie improvisieren eine Kampagne. Jedenfalls melden sie sich lautstark zu Wort.

In jedem Fall entwickeln sie eine zentrale politische Forderung, zum Beispiel im Falle BSE (»Rinderwahnsinn«) fordern sie ein Verbot, Rinder mit Tiermehl zu füttern, und ein internationales Handelsverbot für Tiermehl, damit die Fütterung nicht auf Umwegen geschieht. Diese Forderung muss jetzt bei jeder Gelegenheit laut und öffentlich *wiederholt* und *inszeniert* werden. Man könnte also vielleicht 14 Kühe – eine für jedes Ministerium – zusammen mit einem Heuwagen – als Symbol für artgerechte Fütterung – durch das Brandenburger Tor führen. Oder auch nur drei Kühe, je eine für das Verbraucherschutz- und Gesundheitsministerium und eine für die Kanzlerin. Man muss alle Verbündeten für das Thema sammeln, aktivieren, die Botschaft auf allen Kanälen senden, in den Social Media, die Videos auf YouTube stellen, etc.

Im Falle Dioxin in Eiern und/oder Fleischprodukten wäre es ratsam, für den nächsten Fall eine Aktionsplanung vorzuhalten bei Behörden und der Futtermittelindustrie, die die Aufmerksamkeit gleich auf den *entscheidenden* Punkt fokussiert: die chargengenaue Laborkontrolle bei der Futtermittelherstellung. Längere Forderungskataloge sind ungünstig, wenngleich für die Fachwelt nützlich.

2.3 Lobby

Erfahrene Campaigner wissen natürlich, dass ihr Thema zwangsläufig ablebt und überlagert wird von neuen Sedimenten aus dem Ereignisfluss. Sie haben ein Gefühl für die maximale Dauer der öffentlichen Aufmerksamkeit. Und deshalb beobachten und beeinflussen sie vom ersten Tag an die parlamentarischen Geschäftsgänge und Zuständigkeiten und schauen tief in das Herz der Ministerialbürokratie: Sie sprechen mit den zuständigen Referenten, die die Gesetzes- und Verordnungsentwürfe schreiben. Sie bearbeiten die Fabrikationsstätten für Regeln und Gesetze. Um eine *nachhaltig wirksame Intervention* im System zuwege zu bringen.

Das ist politische Arbeit *ohne Publikum* und Beifall. Die *Ergebnissicherung* öffentlicher Kampagnenanstrengungen gelingt oftmals erst recht lange nach der öffentlichen Aufregung. Viele Entscheidungen fallen einfach deswegen nicht, weil niemand mehr dahinterher ist. Im Mai 1995 opponierte Greenpeace unter dem Beifall, man kann fast sagen: der Weltöffentlichkeit gegen Pläne, einen ausrangierten Öltank namens Brent Spar in der Nordsee zu versenken. Der Eigentümer Shell wurde aufgefordert, die Brent Spar an Land zu recyceln (Berens 2001). Der internationale Beschluss, keine ausgedienten Ölinstallationen im Meer zu versenken, kam erst 1998 unter großem Druck von Greenpeace zustande. Aber zugeschaut hat dabei keiner mehr so richtig.

2.4 Stichworte zur Kampagnenplanung

Wenden wir uns nun den konkreten Schritten zu, wie wir überhaupt entscheiden, ob wir eine Kampagne starten und, wenn ja, was wir nacheinander oder gleichzeitig ins Auge fassen, planen und budgetieren müssen. Am Anfang steht ein Thema (engl. *issue*), ein Anliegen, ein Missstand und der Wunsch einzugreifen, um etwas zu verändern. Ich formuliere also ein Ziel. Manchmal wird viel Aufhebens gemacht um Dinge, die recht einfach zu erreichen sind. Man macht aber keine Kampagne *für Dinge, die man bestellen, kaufen, aussichtsreich erbitten oder verhandeln oder anordnen kann*, je nachdem, in welcher Position man ist. Und man macht keine Kampagne, die offenbar nicht zu gewinnen ist. Dies ist eine nichttriviale Aussage, denn: Viele Leute machen Kampagnen, von denen sie *wissen, dass sie nicht zu gewinnen* sind; oder die unnötig sind. Warum? Weil sie ein Budget haben, das verbraucht werden muss. Weil sie innerhalb ihrer Organisation wichtig sein oder erscheinen möchten. Weil in der Aufgabenbeschreibung ihrer Organisation beispielsweise die Formulierung »gesundheitliche Aufklärung« oder »Prävention« vorkommt. Das kann Jahre lang gut gehen, solange keine Erfolgskontrolle stattfindet. Dann gibt es Leute, die ihre Kampagnen nicht gewinnen, weil sie es *falsch anstellen*. Es gibt aber auch zu viele Leute, die Kampagnen machen, die nicht zu gewinnen sind und sich darüber wundern, enttäuscht und traurig sind. Deshalb die folgende Anleitung.

2.4.1 Relevanz – Interesse – Vermittelbarkeit

Bevor man eine Kampagne ins Auge fasst, sollte man die Relevanz des Themas, das Interesse daran und die Vermittelbarkeit prüfen. Wer fragt: Ist mein Anliegen relevant?, fragt zugleich: *für wen?* An-sich-Relevanz gibt es nicht. Und wenn etwas nur für mich relevant ist, und ich möchte das ändern, stellt sich die Frage nach dem Interesse anderer. Wenn Greenpeace die Meere retten will, setzt es voraus, dass das für alle Menschen wichtig und relevant sei. Damit sind das *Bezugssystem* und auch der Kommunikationsraum beschrieben: *alle, die damit zu tun haben.* Greenpeace redet mit der *ganzen* Welt. Zum Beispiel, indem es die riesige Christusfigur von Rio de Janeiro besteigt und dekoriert oder den Eiffelturm. Dabei ist nicht das Besteigen und Dekorieren entscheidend, sondern die weltweite Verbreitung der Bilder vom Besteigen und Dekorieren.

Wenn eine Gruppe von Hochschulstudenten besseres Mensa-essen möchte, dann ist das relevant für *alle, die mit der Mensa zu tun haben.* Das Bezugssystem umfasst also maximal alle Menschen auf dem Campus. Wer hundert Meter weiter wohnt und jeden Tag dran langfährt, hat dennoch nichts damit zu tun. Auch nicht die Putzkräfte, die kommen erst abends ins Haus, wenn die Mensa zu ist.

Kann man voraussetzen, dass alle Studierenden für besseres Essen sind? Man stellt über eine Umfrage fest, dass es nur die knappe Hälfte ist. Das heißt, hier ist schon *Interesse, aber es muss noch mehr geweckt* werden, zum Beispiel durch Aufklärung über die Vorzüge von Vollwert- oder Biokost. Hat man Unterstützung bei den Lehrkräften? Es gibt etliche, die gelegentlich keine Zeit für den Italiener haben und dann auch in der Mensa essen; oder sie könnten das Anliegen aus Fürsorglichkeit oder Solidarität unterstützen. Wir arbeiten jetzt also heraus, für wen und in welchem Bezugssystem das Thema wichtig, das Anliegen nachvollziehbar und das Ziel verständlich und unterstützenswert ist. Wer ist schon interessiert, wo muss noch Interesse geweckt oder gestärkt werden? Und: *Wie* kann ich Interesse stärken, um Unterstützung zu generieren? Mit welchen Argumenten, Bildern und Symbolen?

Wir sind jetzt bei der Frage nach der *Vermittelbarkeit*. Die rein kognitive Vermittlung ist genau so leicht wie unwirksam. Es reicht die Aussage: »Vollwertkost ist gesünder.« Das reicht, um das Anliegen zu erfassen. Oder: »Giftmüllexporte verursachen Umwelt- und Gesundheitsschäden in Empfängerländern.« »Schiffe abwracken ist gefährlich für die Arbeiter.« Es ist günstig, an so relativ einfachen Themen zu arbeiten, jedoch ist mit dem Verkünden der Wahrheit selbst hier noch kein Jota geändert.

Menschen ändern Dinge in der Regel nicht deswegen, weil sie den Sinn von Änderungen kognitiv erfasst haben, sondern wenn sie von Emotionen dazu bewegt werden. Lat. *movēre* ist »bewegen«, *emovēre* eigentlich »herausschaffen, uns aus uns heraus bewegen«. Wie finden wir nun, wenn wir Änderungen wollen, das Movens, das Bewegende? Das sind die Bilder, Sprachbilder, Foto- und Videobilder. Zu den Sprachbildern, Slogans, siehe mehr unter 2.5. Zu den erfolgreich genutzten Fotos und ihrer Kombination siehe z. B. oben die Abwrackbilder in 1.3.3.

2.4.2 Bezugssystem – Zielsystem – Kraftfeldanalyse

Nach der Abgrenzung des Bezugssystems (= Kommunikationsraums), *alle, die damit zu tun haben*, und der Zusammenstellung der Kommunikationsmittel (s. 2.5) gehen wir an die Analyse der im Bezugssystem wirkenden Kräfte. Jetzt geht es um *alle, die eine Rolle spielen könnten*. Wir platzieren uns als Akteur links oben im Bezugssystem und zielen nach rechts unten. Das ist altchinesisch gedacht (vgl. Kap. 5) und gibt uns das Gefühl, wir bewegen uns hangabwärts voran. Wir nutzen ein bisschen die Schwerkraft. Dies ist nicht nur Autosuggestion, sondern soll uns daran erinnern, dass wir eine *günstige Ausgangsposition* suchen sollten. Rechts unten ist das Zielsystem, der Ort, an dem wir die Veränderung bewirken möchten. Bei der Müllkampagne war es die Bundesregierung, in der wir das Gegnerkonstrukt (Minister Töpfer) eingebaut hatten. Bei der Schiffskampagne war es die Reederei Hamburg Süd, dann vorübergehend Dr. Oetker (Plan B).

Bei der Mensafrage könnten wir zunächst den Caterer anspielen, damit er ab sofort zu gleichen Preisen Vollwertkost liefert. Man weiß aber schon, dass das kein Philanthrop ist. Wer macht die Verträge? Jemand in der Universitätsverwaltung, sagen wir der Kanzler. Zielsystem ist also ein Teil der Verwaltung. Ein Gegenspieler? Ja, schon der Kanzler. Ihn müssen wir anspielen. Wir werden uns aber hüten, ihn scharf zu konfrontieren.

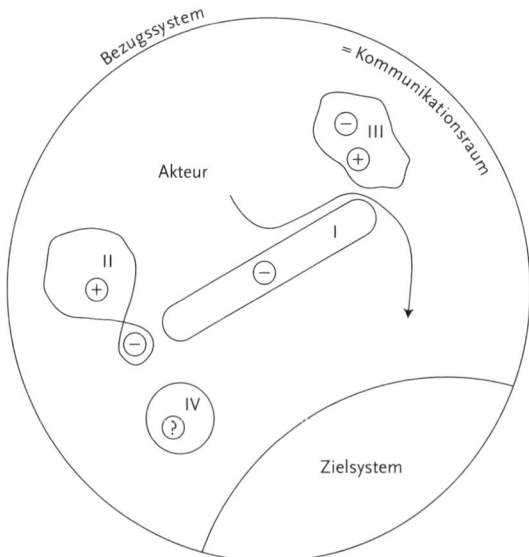

Abb. 3: Bezugssystem mit Subsystemen

Im Bezugssystem befinden sich mindestens vier Typen von Subsystemen.

- Typ Nummer I, eine ziemlich kompakte Schwelle, ist klar gegen uns, mit einem *Minus* aufgeladen. Das ist im Mensabeispiel der Caterer. Ihn müssen wir zunächst *umgehen* mithilfe anderer.
- Typ II ist *plus*, die große Gruppe der Studierenden, nachdem wir genügend Aufklärungs- und Mobilisierungsarbeit geleistet haben.
- Typ III ist *neutral*, wir wissen, dass manche für und manche gegen uns sind. Sagen wir, es seien der akademische Mittelbau und die Verwaltung. Wir haben zwei Optionen: Wir ignorieren sie, weil wir sie nicht brauchen. Oder wir brauchen sie im Spiel mit dem Kanzler, dann versuchen wir, ihre Schlüsselleute auf unsere Seite zu ziehen, die dafür sorgen, dass nichts gegen uns unternommen wird.
- Bei Typ IV, den Professoren, wissen wir noch nicht, wie sie zu unserem Anliegen stehen. Auch hier treffen wir eine *Entscheidung*, ob wir sie ignorieren oder ansprechen wollen.

Bisher haben wir vernachlässigt, dass die Gruppe der Studenten nicht völlig homogen ist, da ist dieser Wurmfortsatz mit dem *Minus*. Das ist eine kleine Gruppe, die über Jobs und Abhängigkeiten mit dem Caterer verbunden ist, der auch Diskotheken in der Hochschulstadt betreibt. Es kommt aber nicht darauf an, dass alle unserer Meinung sind, nur, dass niemand aus ihren Reihen etwas gegen uns unternimmt. Das reicht, und dafür muss gesorgt werden. *Was nicht kommuniziert wird, das zählt nicht.*
Dann ist da der Leerraum zwischen den verschiedenen Subsystemen, der »Zwischenraum, hindurchzuschaun« (Christian Morgenstern, »Es war einmal ein Lattenzaun«). Wo wir zwischen den Feldern I bis V nichts sehen, und das gilt allgemein: *Wo wir nichts sehen, ist nicht nichts.* Wir haben es nur noch nicht gesehen. Ist unser Campus ein privates Bildungsunternehmen, und die Eigentümer könnten viel Einfluss nehmen? Kann

irgendwo im Gelände jemand hinter dem Busch hervortreten und sich gegen uns stellen? Kann ich selbst vielleicht jemanden von außen ins Bezugssystem einführen, sagen wir: einen anderen Caterer, der ein gutes Angebot macht?

Während der Müllkampagne ist Folgendes passiert. Greenpeace spricht zu oft von Abfall und Müll anstatt von *gefährlichem* Abfall und *Gift*müll. Die Verbände der metallurgischen Gewerbe machen sich das zunutze und reden den Vertretern des weltweiten Altpapierhandels ein, Greenpeace wolle ihre Geschäfte einschränken. Das ist eindeutig falsch, aber bei einer wichtigen Konferenz tauchen zwei Dutzend aufgebrachte Altpapier-Lobbyisten auf. Was lehrt uns das? Als Akteure müssen wir auch mal jemandem kommunizieren, dass er von *unseren Veränderungswünschen nicht betroffen* ist; das beruhigt und spart Kräfte auf allen Seiten.

Bei dieser Kraftfeldanalyse, die heute meist *Stakeholder-Analyse* genannt wird, geht es also, zusammenfassend, darum, Freund und Feind zu unterscheiden, Neutrale auszumachen, zu entscheiden, wen wir bekämpfen, umwerben, neutralisieren oder umgehen müssen oder gar ignorieren dürfen. Die Übung ist mit der Beantwortung folgender Frage abgeschlossen: *Wen darf ich ungestraft vergessen?*

2.4.3 Kampagnenziel – Zeitrahmen – Ressourcen – Erreichbarkeit

Das Kampagnenziel ergibt sich nicht automatisch aus dem Thema oder der Thematik. Wenn wir besseres Essen für die Mensa wollen, müssen wir zuerst definieren, was das ist. Wir entscheiden uns für Vollwertkost nach der Definition der Deutschen Gesellschaft für Ernährung (DGE) in Bonn. Wollen wir, dass es nur noch Vollwertkost gibt, und das zu gleichen Preisen wie jetzt? Das wäre das höchste Ziel, das Maximum an Erreichbarem. Daran glauben wir aber selbst nicht so recht, und deshalb überlegen wir bereits Kompromisse. Übrigens: Wer ist *wir*? Wir sind eine Gruppe von sieben Studierenden. Drei machen in einem Jahr Prüfung, zwei wechseln die Hochschule, zwei sind zu wenig, um die Kampagne am Laufen zu halten. Das bestimmt unseren Zeitrahmen und unsere Ressourcen. Die Kampagne muss in sechs Monaten beendet sein. Das ist auch gut so, denn wir wissen, dass es kaum möglich ist, die Aufmerksamkeit auf längere Zeit zu binden. Mehr noch: Wir nehmen uns sogar vor, die ersten drei Monate allein der Vorbereitung zu widmen, Szenarien, Maßnahmenpläne, A- und B-Pläne zu entwickeln. Die Kampagne wird dadurch kürzer, aber umso stärker, dichter. Unsere Ressourcen: Das Wichtigste ist unsere Arbeitskraft. Wir rechnen jetzt einfach durch, wer in welchem Zeitraum wie viele Wochenstunden investieren kann. Das wird schriftlich niedergelegt, und wir verpflichten uns auf dieses gemeinsame Projekt. Geld haben wir nicht wirklich, aber es gibt einen befreundeten Copyshop, der uns gratis Drucksachen erstellen wird. Das meiste läuft sowieso elektronisch. Kurz und gut, unsere eingeschränkten Mittel nötigen uns eine bescheidenere Zielplanung auf. Das ist immer so.

Niemand ist bei irgendeinem Thema in der Lage, auf Anhieb ein *realistisches, erreichbares Kampagnenziel* zu formulieren. Er muss erst die Relevanz im Bezugssystem mit seinen Subsystemen klären, das und die Interesse(n) einschätzen, den Zeitrahmen ermitteln oder bestimmen, die Ressourcen abschätzen. Natürlich hat man da Checklisten, Listen aber verführen zu linearstrategischem Denken. Die kreisförmige Anordnung im Bild erinnert uns daran, dass wir ganzheitlich denken sollten, um eine integrierte Kampagnenplanung zuwege zu bringen, in der der Ressourceneinsatz genau so bedacht ist wie die Medienarbeit und die Erfolgskontrolle bereits vorgesehen.

Das Kampagnenziel muss SMART sein: *specific, measurable, accepted, realistic* und *timely*. Anders ist keine Erfolgskontrolle möglich. Das Kampagnenziel für die Mensakost könnte nach dieser Übung etwa so lauten: Wir sieben Studierende wollen in sechs Monaten eine verbindliche Zusage des Caterers erwirken, dass zweimal in der Woche die Hälfte der Portionen als Vollwert angeboten werden. Jetzt haben wir ein spezifiziertes Ziel, das messbar, akzeptabel, realistisch und termingebunden ist.

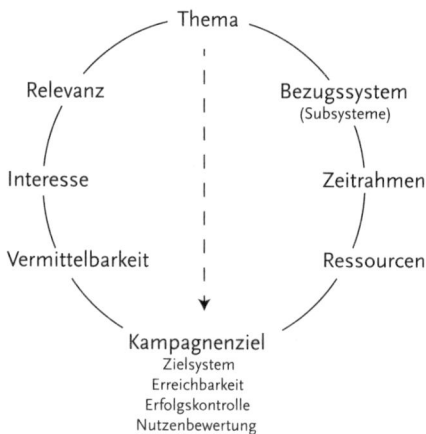

Abb. 4: Stichworte für den Kampagnenplan

2.4.4 Erfolgskontrolle und Nutzenbewertung

Die *Erfolgskontrolle* ist in diesem Fall einfach: Erreichen wir die zwei Tage, bedeutet das 100 % Erfolg, erreichen wir nur einen, sind es 50 %, etc. Wir können die faktische, beobachtbare Veränderung messen. In jedem Fall, auch wenn wir nichts erreichen, machen wir eine *Nutzenbewertung*. Die richtet sich mehr nach innen. Wir fragen uns selbst, was wir richtig und falsch gemacht haben, was wir anderen empfehlen oder nächstes Mal genauso machen würden und umgekehrt.

In der Regel haben, anders als hier, Kampagnen *Auftraggeber* und *Auftragnehmer*, also Durchführende. Für die Auftragnehmer ist es von entscheidender Bedeutung, vor Beginn der Kampagne mit dem Auftraggeber eine klare Vereinbarung zu treffen des Inhalts: Wer misst wann mit welcher Methode zu welchen Kosten den Erfolg? Will man eine Evaluation durch Dritte, muss das budgetiert werden (Faustregel: 5 % des Kampagnenbudgets). Reicht eine Selbstevaluation, muss die Zeit dafür eingeräumt, eingeplant werden. Will man keine Kontrolle, sollte das niedergelegt werden.

In mittleren und großen Organisationen passiert es immer wieder, dass Werbefeldzüge und Kampagnen im Nachhinein zu negativ oder zu positiv, jedenfalls kontrovers kommentiert werden. Natürlich unter taktischen Aspekten, die mit dem Gegenstand gar nichts mehr zu tun haben, sondern Teil von aktuellen Machtspielen sind.

Allein, damit man hier nicht ausgeliefert ist, gehört zur Auftragsklärung die Vereinbarung über die Evaluation. Auch psychohygienisch ist es von Bedeutung, dass Kampagnenteams sich am Ende des Projekts gemeinsam Rechenschaft ablegen, zum Mindesten eine Nutzenbewertung vornehmen und den Abschluss feiern.

Am schlimmsten sind Kampagnen, die irgendwann anfangen und irgendwie aufhören, und keiner weiß, wann genau, wie und warum eigentlich. Und das Team – wer gehörte eigentlich genau dazu?, was war der genaue Auftrag? – geht wortlos auseinander.

Eine Kampagne ohne deklariertes Ende ist wie ein Langstreckenlauf ohne Zielgerade.

Von welcher Bedeutung solche Überlegungen sind, zeigt das folgende Beispiel: Die Deutsche Gesetzliche Unfallversicherung (DGUV), der nationale Verbund sämtlicher Berufsgenossenschaften (BGen) und Unfallkassen (UKen) lässt Kampagnen zur Unfallprävention durchführen.[4] Die BGen und Kassen wissen, in welchen Kontexten welche Unfälle passieren und welche Berufskrankheiten entstehen. Und welche Kosten das erzeugt. Die Erwartung der Vorstände an die Planer und Ausführer von Präventionskampagnen ist nun, naheliegend, dass die Schadenszahlen (Unfälle und Berufskrankheiten) nach der entsprechenden Kampagne sinken.

Dies tritt aber so nicht ein, und man fragt sich, soll man solche Kampagnen überhaupt noch machen? Die Rekonstruktion der Beauftragung und Kampagnenentwicklung ergibt, dass man keine klaren gemeinsamen Vorstellungen von Zweck und Ziel

---

4 Sehr bekannt sind die großen – teils hervorragenden, teils ganz schlechten – Plakate an den Autobahnen mit dem Slogan: »Runter vom Gas!«

hatte. Alle wollten die Unfallzahlen senken. Die Kampagnenplaner haben nun daran gearbeitet – korrekterweise vom Ende her denkend –, *unfallauslösendes Verhalten* zu identifizieren und daran zu arbeiten. Zum Beispiel sollten Gabelstapler nicht mit 30 km/h um Ecken fahren, wo Fußgänger oder andere Fahrzeuge sein können, sondern nur mit 15 km/h. Das Ziel dieser Kampagne konnte eigentlich nur sein, das *unfallauslösende Verhalten zu verändern*. Denn nur das ist im Kontext sinnvoll messbar.

Das Unfallgeschehen insgesamt ist hochkomplex und abhängig von Variablen wie Schichtorganisation, Arbeitsumgebung, Technologie, Konjunktur, Wetter, kurz: von lauter Faktoren »außerhalb des Versuchsaufbaus«. »Unfallzahlen senken« konnte ein höherer Zweck der Kampagne sein, aber das operationalisierte Ziel musste viel enger sein, »max. 15 km/h.« Der Erfolg kann nur an der *unmittelbaren Wirkung, dem beobachtbaren veränderten Verhalten* gemessen werden. Und dazu reicht eine Videokamera, die an einer Gebäudeecke die Geschwindigkeit der Gabelstapler dokumentiert.

2.5 *Kommunikationseinheiten für die Öffentlichkeitsarbeit*

2.5.1 Slogan

Die kleinste Kommunikationseinheit ist der Slogan, das Motto, die Parole. Er bietet die kürzeste Deklaration des Ziels oder Anliegens, besteht aus ein bis fünf Wörtern, wird immer wieder verwendet. Seltener sind Mehrzeiler (s. u., Beispiel 5). Er markiert immer wieder erkennbar, *wiedererkennbar*, das Anliegen. Er kommt in jedem längeren Text zum Thema als Überschrift oder an prominenter Stelle vor, mindestens im Vorspann oder als Fazit.

Ein Slogan wird *zunächst nur im gegebenen Kontext* verstanden und ist inhaltsleer oder -arm, er muss erklärt werden. Erst nach einiger Zeit und intensivem Gebrauch wird er idealerweise auch ohne Kontext verstanden und dem Inhalt und Akteur zugeschrieben.

Beispiel 1: »Abschalten!« wurde im nationalen Kontext im Rahmen einer 30-jährigen Debatte – verbunden mit der Kuppel eines Atomkraftwerks oder dem Zeichen für Radioaktivität – eingeführt und wird heute ohne Kontext der Bewegung zugeordnet und richtig verstanden als Forderung nach dem Abschalten aller Atomkraftwerke.

Abb. 5: Originallogo »Ausgestrahlt«

Beispiel 2: ».ausgestrahlt«, ein viel jüngerer Slogan und gleichzeitig Name einer Kampagnenorganisation, wurde von vornherein, aber natürlich im Kontext einer nationalen Energiedebatte, verstanden.

Abb. 6: Originallogo »Oben bleiben!«

Beispiel 3: »Oben bleiben« ist im Kontext der Opposition gegen einen geplanten Tiefbahnhof in Stuttgart entstanden und fordert den Ausbau des oberirdischen Kopfbahnhofes (K 21 = gegen S [Stuttgart] 21 [Tiefbahnhof]) und wird zur Zeit (Dezember 2011) in Baden-Württemberg noch von sehr vielen auch kontextfrei verstanden. Würde man heute eine Kampagne gegen Elektronikschrottexporte starten – was dringend notwendig ist! –, sollte man sagen »Hiergeblieben! – Kein Gift nach Afrika.« Nur mal so als Idee.

Beispiel 4: »Wir nehmen alle mit« oder »Wir holen jeden ab«. Die Slogans, beide, deuten Bewegung und gleichzeitig Inklusion an, wobei der zweite mehr auf die Bewegung des Urhebers (Senders der Botschaft) in Richtung der Angesprochenen (Empfänger) abhebt. Wer damit gemeint und wer der sich Bewegende oder Beweger ist, geht erst aus dem kommunikativen Kontext hervor. Nämlich dann, wenn verstanden ist, dass es sich hier um offene Jugendarbeit handelt.

Abb. 7: Originalgrafik »Gummi«

Beispiel 5: »Ich hab immer einen Gummi dabei, meinen Schwanz vergess ich ja auch nicht.«
Noch Fragen?

2.5.2 Problemerklärung

Sie erklärt das Anliegen und unterbaut den Slogan in wenigen Sätzen. Sie kommt in allen einschlägigen Publikationen von der Presseerklärung bis zum Hintergrundbericht vor und ist frühestens in wissenschaftlichen Texten unpassend. »Frühestens« heißt, sie könnte selbst dort noch in ein Summary passen. Die Problemerklärung beginnt und/oder endet idealerweise mit dem Slogan, siehe oben.

Zu *Beispiel 4* etwa: »Jugendliche mit Problemen wie ... finden in Hellersdorf oder Marzahn keine Angebote wie ... Wir holen sie ab.« Die Problemerklärung eignet sich nicht für die eigenständige Veröffentlichung, liegt aber immer auf dem Tisch bereit – für Interviews, die Erarbeitung von öffentlichen Erklärungen etc.

2.5.3 Medientext (Presseerklärung)

Die Presseerklärung (PE), gerichtet an alle Medienarten, ist maximal eine Seite lang und enthält am Ende *eine* Ansprechadresse mit Telefon-, Mobilnummer und E-Mail-Adresse. Nicht mehrere gleichberechtigte Ansprechpartner, sondern eine Ansprechperson und natürlich eine Vertretung für den Krankheits- oder sonstigen Ausfallfall.

Die Überschrift muss kurz sein, nicht nur aus Rücksicht den Journalisten gegenüber, die an die tausend Meldungen täglich auf dem Rechner haben. Auf dem Bildschirm erscheinen meist nur die ersten 40 oder 50 Zeichen der ersten Zeile oder Überschrift, bevor man die eigentliche Sendung öffnet. Wer hier sein Anliegen nicht deutlich gemacht hat, geht unter. Statt »Neue Motortechnik verlängert die Lebensdauer und verhindert Kolbenfresser« muss es natürlich heißen »Keine Kolbenfresser mehr ...« Also das Wichtigste zuerst, was für die ganze Meldung gilt.

Der Text enthält den Slogan, die Problemerklärung und ist nach dem Muster der sechs W-Fragen gestrickt: Wer? hat was? wann? wo? wie? warum getan? Dieser erste Absatz sollte nicht mehr als 50 Wörter umfassen. Das entspricht etwa der *Kurzmeldung einer Tageszeitung*. Die PE ist überhaupt der Agenturnachricht nachgebildet und wird idealerweise auch eins zu eins übernommen. Die Hierarchisierung nach Wichtigkeit von oben nach unten ist in der Zeit des Klebelayouts entstanden. Statt die Nachricht umzuschreiben oder einzelne Teile herauszuschneiden, war es am einfachsten, mit der Schere den oder die letzten Absätze, Abschnitte abzuschneiden. Wenn von hinten her am Ende gekürzt wird, merkt es keiner. Deshalb steht das Wichtigste gleich am Anfang in einem zusammenfassenden Satz. Reiner Gebrauchstext mit Verlass darauf, dass bei redaktionellem Abbruch (einer Kürzung) oder einer Leseunterbrechung jeder Leser den wesentlichen Inhalt schon verstanden hat und nicht über weitere Lektüre erschließen muss.

Das Hauptanliegen muss immer wieder in den gleichen Worten und Wendungen erscheinen. Intelligente Menschen hassen es zwar, jede Woche dreimal dasselbe in denselben Worten zu sagen, und das monate- oder gar jahrelang. Man hängt sich selbst zum Hals heraus. Kampagnenmacher vergessen aber zuweilen, dass die Rezipienten sie vielleicht zum ersten Mal hören oder lesen; und sollten sie sie zum zweiten Mal hören, dann sollten sie sie auf Anhieb wiedererkennen. An denselben Worten. »Beharrlichkeit führt zum Ziel« (I Ging).

Die Presseerklärung verweist auf alle weiteren Materialien, die man im Netz einsehen kann: Fotos, Grafiken und Videos, die das Problem illustrieren, Podcasts, Interviews mit Betroffenen, dem eigenen Protagonisten, dem *Gesicht der Kampagne*.

2.5.4 Hintergrundbericht/Fact Sheet/Digest

Dieser Text darf Fußnoten haben! Er erklärt auf zwei bis maximal sechs Seiten den gesamten Kontext und bietet einem Lesepublikum auf dem Niveau von Wissenschaftsjournalisten weitere Lektüre zur Nachforschung und Überprüfung der eigenen Position. Dabei werden konträre Meinungen aufgenommen und sorgfältig widerlegt. Optisch günstig sind und seriös wirken vom Layout her Zweispalter nach dem Bild wissenschaftlicher Zeitschriften. Vorsicht mit zu viel Meinung: Journalisten möchten in der Regel nicht für die Verbreitung von Anliegen und Botschaften eingespannt oder »vereinnahmt« werden. Wenn sie solche Absicht spüren, genauer gesagt, wenn der Informationsgehalt von Texten zu stark von Botschaft und Meinung überlagert ist, reagieren sie oft bockig und negativ: »Man spürt die Absicht und ist verstimmt.« Keine Werbesprache!

Hintergrundberichte werden in der Regel nicht offensiv verbreitet und breit gestreut, sondern angeboten oder auch nur vorgehalten und auf Nachfrage an interessierte Medienmenschen geschickt und natürlich, wie alles andere auch, auf der Homepage platziert.

2.5.5 Fallstudien (Case Studies)/Features

Halten Sie für Ihr Anliegen drei Fallstudien bereit. Jede ist höchstens zwei Seiten lang und schildert an einem konkreten Beispiel das Problem, das Sie lösen wollen, oder die Lage, die Sie ändern möchten. Im Mittelpunkt des im nüchternen Reportage- oder gar nur Berichtsstils geschriebenen Textes steht eine Person mit einem (gegebenen) Namen. Beispiel: ein Jugendlicher in Hellersdorf oder eine Familie mit einem kranken Kind in Marzahn. Die Fallstudien aus dem richtigen Leben machen plastisch deutlich, warum Ihr Anliegen relevant und von Interesse ist, und bieten »Identifikation« an. Gut geschrieben, sind sie »unvergesslich«, regen Medienmenschen zu weiteren Recherchen an und kommen dem Wunsch nach *Protagonisten* entgegen. Achtung: Nicht zu kitschig, das machen die Journalisten lieber selbst, je nachdem, ob sie für die »Bunte«, Springer oder die ZEIT arbeiten. Wenn es zu rührselig ist, fühlen sich Journalisten in ihrer Gestaltungsfreiheit eingeschränkt. Den Hintergrundbericht sollte man immer vor die Features stellen. Denn ein Wissenschaftler oder Fachjournalist könnte ja sagen: Das sind nur Geschichten,

die kann man sich ausdenken – so ist es und darf es aus guten
Gründen auch sein.

2.5.6 FAQ

Ursprünglich entstanden diese Listen von Fragen mit dazugehö-
rigen Antworten in der Informationstechnologie aus der Samm-
lung tatsächlich häufig gestellter Fragen, die man dann »ein für
alle Mal« statt immer wieder im Einzelnen beantwortete.

Die heutigen FAQ-Kataloge zu Produkten, Dienstleistun-
gen oder Sachgebieten werden schon vorbeugend angelegt. Das
heißt, der Autor nimmt vorweg, was ein Kunde oder Leser *fragen könnte* und gibt die Antwort. Damit sind FAQ-Kataloge
nicht nur Sparmodelle der Kundenkommunikation, sondern
defensive Lenkwaffen. Sie steuern die Fragefantasie der kollek-
tiven Kundschaft in eine bestimmte Richtung oder ersticken sie
sogar durch Überflutung.

Der Nutzen guter, also sorgfältig erarbeiteter Kataloge ist in
der Regel hoch. Er besteht zuallererst in der erfolgreichen An-
strengung bei dem, der sie erstellt. Zunächst dient nämlich der
Katalog der *internen Kommunikation*, der Selbstverständigung
darüber, was man eigentlich anstrebt, und hilft, Regelungen zu
entwickeln, wie man *untereinander* darüber spricht (*wordings*).

Nach einer gewissen Test- und Entwicklungsphase macht
man FAQ-Listen verbindlich für alle, die *zu anderen* darüber
sprechen, genauer: Ab einem bestimmten Zeitpunkt ist geklärt,
wer aus der Organisation wie mit der Außenwelt über ein bestimmtes Thema redet. Ziel ist der einheitliche Auftritt. Wider-
sprüchliche Aussagen und Botschaften nach außen sind ein un-
trügliches Zeichen schlechter Führung oder *bad governance*.

Ob man FAQ-Listen aktiv veröffentlicht, kann nach Oppor-
tunität entschieden werden. Sie müssen aber immer bereitliegen
und jedes Telefonat regieren. Will man sie veröffentlichen, also
beispielsweise ins Netz stellen, muss man sie vorher intern und
extern testen. Man ahnt nicht, welch simple, dumme, brillante
und gemeine Fragen an das Projekt gestellt werden können. Bevor jedermann Zugang erhält, sollte man also fleißig sammeln,

ändern, optimieren und polieren. Damit ist dann der ursprüngliche Charakter von FAQ-Katalogen auch annähernd wiederhergestellt; indem nämlich tatsächliche und nicht nur erdachte Fragen beantwortet werden.

Diese dialogische Form ist lebendiger und, wenn gut geschrieben, anregender als analytische Texte. Im besseren Fall enthalten sie *interaktive, motivierende Stellen* von mindestens der Qualität: »Was können Sie selber tun?«

2.5.7 Der Bericht

Nichtregierungsorganisationen, Verbände oder Behörden bieten Aktivisten, wissenschaftlich Interessierten oder Fachjournalisten Forschungs- oder Untersuchungsberichte zu einem jeweiligen Problem an, die sie entweder selbst erstellt haben (lassen) oder auf die sie sich bei ihren Anliegen beziehen. Das können auch Planungsgutachten, Expertisen zu Teilgebieten oder aufbereitete Masterpläne sein. Hier liegen die harte Substanz und die ausführliche Begründung des Anliegens, hier werden alle Fragen beantwortet oder Besorgnisse zerstreut. Die Qualität gehorcht wissenschaftlichen Maßstäben. Allein der Schritt, diese Informationen zugänglich zu machen, verschafft dem Anliegen mehr Gewicht, selbst wenn Rezipienten gar nicht an sämtlichen Einzelheiten interessiert sind oder damit überfordert wären.

2.6 E-Campaigning

Das elektronische Campaigning über Social Media sowie die Nutzung von elektronischen Kampagnendienstleistern wie Campact in Deutschland oder Avaaz weltweit ist nicht Gegenstand dieser Einführung. Die Protagonisten für die Neuen Medien trumpfen mit Masse und der imponierenden Geschwindigkeit der Verbreitung. Beobachtbar jedoch ist, dass 100 000 elektronische Unterschriften für ein Anliegen bei einem Ministerium nicht mehr bewirken als 10 000 physische Postkarten. Und so betont auch Christoph Bautz, Mitbegründer der Aktionsplattform Campact, die Bedeutung der »Sichtbarkeit« von Gegnerkonstrukten »im realen Raum« (»dankbarer Gegner«) und starken »Verankerungsfaktoren«, die wir hier Anschlussfähigkeit nennen (Brodde 2010, S. 201–212).

Meine vorläufige These ist: Die Grundgesetze des klassischen Campaignings bleiben gültig und müssen den Neuen Medien allenfalls angepasst werden, was in wenigen Gedankenschritten gelingt.

Begeisternd ist allerdings die Mobilisierungskraft und -breite von aktuellen Informationen in repressiven Gesellschaften – vom kirgisischen April 2010 bis zum arabischen Frühling 2011 – über die neuen Netzwerke.

In offenen Gesellschaften, könnte man sagen, setzen Campaigner durch Neue Medien und Social Media »noch einen drauf«, in repressiven Systemen sind sie u. U. die einzige Zuflucht.

3 Theorie: Subversive Strategien und Kampagnen

Von Fritz B. Simon

Dieses Kapitel liefert die Theorie zur effektiven gewaltfreien Einflussnahme auf gesellschaftliche Verhältnisse und Prozesse mithilfe subversiver Strategien und Kampagnen, wie sie am Beispiel der sehr erfolgreichen Aktionen von Greenpeace im ersten Kapitel beschrieben und illustriert sind. Es beschreibt Einsichten und Erkenntnisse der Art, wie man sie gern vor 30 Jahren zu Beginn der modernen Kampagnenarbeit formuliert gehabt hätte.

Die Begriffe »Subversion«, »Kampagne« und »Strategie« werden in einen systemtheoretischen Kontext gestellt und dementsprechend definiert. Durch die Gegenüberstellung von passiver und aktiver Negation werden die Merkmale der Unterscheidung zwischen *Revolution,* die häufig zu Gewalt führt, und *Subversion* verdeutlicht, welche die *Gesetzmäßigkeiten des betreffenden Systems selbst nutzt* und es von innen heraus verändert. Schließlich werden die Vorgehensweise und die bestimmenden handlungsleitenden Prämissen subversiver Kampagnen und Strategien eingehend beschrieben.

Die Begriffe »Subversivität« und »Kampagne« finden sich nicht im üblichen Sprachgebrauch der Systemtheorie und auch nicht im Methodenrepertoire der aus ihr abgeleiteten praktischen Verfahren wie etwa des systemischen Managements oder der systemischen Beratung. Bei »Strategie« ist es etwas anders. Der Strategiebegriff erfreut sich im Theoriediskurs im Blick auf praktische Methoden einer gewissen Beliebtheit (was sich in Bezeichnungen und Charakterisierungen wie z. B. »strategische Kommunikation«, »strategische Therapie«, »systemische Strategieentwicklung« widerspiegelt). Dennoch – oder deswegen –

empfiehlt sich zunächst der Versuch einer systemtheoretisch orientierten Definition der Begriffe »Subversion«, »Kampagne« und auch »Strategie«.

3.1 Subversion

In seiner wörtlichen Übersetzung bedeutet Subversion »Umsturz, Zerstörung« (von lat. *subvertere*). Dabei wird traditionell auf eine Form des Umsturzes in einem sozialen System (z. B. einem Staat) verwiesen, und es ist nicht nur der gelungene Umsturz, der so benannt wird, sondern auch die auf Umsturz zielenden Aktionen oder Tätigkeiten (subversive Aktivitäten).

Subversive Aktionen und ihre Charakteristika sind daher dort theoretisch wie praktisch interessant, wo es um Veränderung innerhalb eines sozialen Systems (eines Staats, einer Organisation, eines Unternehmens o. Ä., ja, vielleicht sogar einer Familie) geht, um die Initiierung eines erstrebten Wandels bzw. auf der Gegenseite – falls die jeweiligen sozialen Strukturen erhalten werden sollen – um die Verhinderung von Wandel.

Da Subversion nicht die einzige Form der Veränderung eines sozialen Systems ist, empfiehlt es sich, die Merkmale der Unterscheidung zu spezifizieren. Zunächst kann ganz allgemein festgestellt werden, dass die Eigenschaften, die als *Charakteristika aller Veränderungsprozesse* identifiziert werden können, auch bei subversiven Prozessen zu finden sein müssen. Daher stellt sich die Frage, ob und gegebenenfalls wie Subversion sich von anderen Formen der Veränderung (z. B. der Revolution oder der Reform) unterscheidet.

3.1.1 Evolutionäre Prinzipien

Alle Prozesse der Veränderung eines sozialen Systems können aus systemtheoretischer Perspektive als Realisierung *evolutionärer* Gesetzmäßigkeiten verstanden werden. Stets geht es dabei um einen Prozess, der aus drei Schritten besteht: der *Variation*, *Selektion* (im Sinne von *Auswahl*) und *Retention*, d. h. Bestätigung von Prozessmustern (vgl. Praxisbeispiel in 1.2.11).

Ohne Variation keine Veränderung. Wenn wir – der neueren soziologischen Systemtheorie folgend (Luhmann 1984, 1997) – Kommunikationen als die Grundelemente aller sozialen Systeme definieren, so besteht jede soziale Veränderung immer aus der Veränderung von Kommunikationsmustern. Die Statik einer sozialen Ordnung (z. B. einer Organisation) besteht dementsprechend in der Wiederholung von Prozessmustern, d. h. dem Vollzug von Automatismen oder Routinen, der Reinszenierung der immer wieder selben »Spiele«. Der erste Schritt und die Voraussetzung zu jeder Veränderung besteht in der Variation innerhalb dieser kommunikativen Muster. Es wird bewusst oder unbewusst etwas Neues probiert. Es wird beobachtet, positiv oder negativ bewertet und schließlich wiederholt oder verworfen, vergessen usw. Die Aktionen der am System Teilnehmenden können nie »an sich« als *verändernd* charakterisiert werden, sondern sie werden nur als Elemente von Kommunikation sozial wirksam. Einem vom Erwarteten abweichenden Verhalten wird eine Bedeutung zugeschrieben, die schließlich dazu führt, dass ein altes Kommunikationsmuster modifiziert, verändert, aufgegeben und/oder ein neues Muster etabliert wird.

Damit verändernd auf das Muster des Systems gewirkt werden kann, muss es zu einer Veränderung der *Selektion*, der Handlungsoptionen, kommen (was nicht selbstverständlich Folge jeder Variation ist). Und damit die Wirkung nachhaltig ist, muss es zur Retention (im Sinne von Beibehaltung, Verstetigung), d. h. zur längerfristigen Wiederholung und Routinisierung oder *Automatisierung, des ausgewählten neuen Musters* kommen. Ein einmaliges Ereignis führt meist nicht zur Veränderung des Systems und seiner Regeln (vgl. 1.2.11).

Diese Prinzipien der Veränderung gelten für alle anderen Formen der Veränderung, seien sie nun als »revolutionär« oder »reformistisch« oder wie auch immer bezeichnet.

Wenn wir nach den Spezifika subversiver Prozesse und der dadurch erstrebten, befürchteten oder erreichten Resultate fragen, so empfiehlt es sich, nach einem oder mehreren Gegenbegriffen zu »Subversion« zu suchen, um anhand der Unterschiede die Sicht auf die Besonderheiten zu eröffnen.

Als Erstes bietet sich hier »Revolution« an, zumal subversive Aktionen oft auch mit revolutionären Aktivitäten gleichgesetzt werden. So werden in der (spärlichen) Literatur zur »Counterinsurgency Warfare« die Begriffe »Subversive War« und »Revolutionary War« oft synonym verwendet (Trinquier 1964, p. 5). Diese Gleichsetzung scheint aber bei näherer Analyse nicht angemessen. Vor allem die stillschweigende Unterstellung, subversive Aktivitäten seien stets ein Aspekt der Kriegführung. Kriegführung zielt auf die *Vernichtung* eines Systems (vgl. van Creveld 1991, S. 234; Simon 2001, S. 20) und bedient sich systematisch der Anwendung von Gewalt. So analysiert Trinquier in diesem Zusammenhang Terrorismus als eines der wesentlichen Mittel der »modernen Kriegführung« (1964, S. 15 ff.). Terrorismus als spezifische Form der Kriegführung zielt zwar ebenfalls auf den Sturz einer gegebenen sozialen Ordnung, setzt aber auf andere Mittel als Subversion (zu Phänomen und Funktion von Terrorismus siehe Baecker et al. 2002; zur Definition siehe speziell Simon 2002). Was beides unterscheidet, ist dabei nicht nur die Anwendung bzw. Nichtanwendung von Gewalt, sondern auch die Subtilität und Indirektheit der verwendeten Methoden.

Da die Dynamik sozialer Systeme am besten erklärt werden kann, wenn man sie als strukturdeterminierte, autopoietische Systeme betrachtet (Maturana 1975; Luhmann 1984), sind subversive Aktionen immer als systeminterne Ereignisse oder Prozesse zu konzeptualisieren. Sie können allerdings angestoßen werden durch »irritierende« (»perturbierende«) Ereignisse in der Umwelt (z. B. durch die auf Veränderung zielenden Absichten eines Systemteilnehmers, d. h. Ereignisse und Prozesse in der Psyche eines Kommunikationsteilnehmers). Allerdings müssen sie sich irgendwie als Elemente von Kommunikationen manifestieren (als *Mitteilungen* von *Informationen*, die *verstanden* werden können und auf die reagiert werden kann).

3.1.2 Revolution vs. Subversion

Um das noch einmal deutlich zu betonen: »Evolution« wird hier nicht als Gegenbegriff zu »Revolution« betrachtet, sondern als Oberbegriff für alle anderen Formen der Veränderung eines sozialen Systems mit Ausnahme der Auflösung des Systems, d. h. des Endes seiner Existenz als abgegrenzte autonome Überlebenseinheit (Autopoiese). Auch Revolutionen unterliegen nach dieser Definition evolutionären Prinzipien. Daraus resultiert die Frage nach den Unterschieden in Variation, Selektion und Retention bei Subversion, Revolution oder anderen Formen der Transformation sozialer Systeme.

Wenn wir als gemeinsame Wirkung (manchmal auch gemeinsames Ziel) die Veränderung des Systems bzw. seiner Strukturen ansehen, so unterscheiden sich Revolution und Subversion durch die angewandten Mittel. Als Erstes fällt dabei ins Auge, was nicht ins Auge fällt: Subversive Aktionen sind nicht selbstexplikativ, was ihre verändernde Wirkung oder Zielsetzung betrifft, d. h., sie sind in ihrer Funktion zunächst nicht durchschaubar. Während Revolutionen ausgerufen und verkündet werden und durch sie die direkte Kontrontation mit den Vertretern der »herrschenden« Ordnung, Klasse usw. gesucht wird, ist diese Wirkung subversiver Aktionen und Prozesse verdeckt. Ja, solche Prozesse können auch stattfinden als *Täuschungsmanöver* mit einer ganz anderen Zielsetzung. Dass Subversion nicht »ausgerufen« wird, heißt aber nicht, dass sie prinzipiell nicht beobachtbar wäre. Sie ist nur nicht *unmittelbar* und *direkt als systemverändernd* erkennbar. Diese Wirkung bzw. mögliche Wirkung wird erst im Verlaufe des Prozesses deutlich.

Wirksame subversive Prozesse lassen sich nicht einfach als Handlungen irgendwelchen Subjekten zuschreiben. Subversion findet im Kontext von selbst organisierten Prozessen statt, durch die einzelne Aktionen oder auch koordinierte Handlungsmuster erst ihre die bestehende Ordnung des sozialen Systems verändernde Wirkung entfalten. Die Paradoxie der Subversion besteht darin, dass sie den Kontext der bestehenden Regeln des Systems in Rechnung stellt und nutzt, um die Regeln des Systems zu ändern. Dabei verändert sie meist nicht diejenigen Regeln, die sie nutzt (aber auch das geschieht gelegentlich ...).

Entscheidend ist: Die Identität und das Überleben des jeweiligen sozialen Systems werden nicht infrage gestellt, und es kommt nicht zur Konfrontation mit alternativen Ordnungsentwürfen, sondern – ganz im Gegenteil – das Selbstverständnis und die identitätsstiftenden Werte des Systems bzw. seiner Mitglieder werden für die abweichenden, nicht offen durchschaubaren Zwecke nutzbar gemacht. Subversion erscheint zunächst systemkonform und nicht bedrohlich. Erst die Langzeitwirkung erweist ihren transformierenden Charakter. Die maximale Immunreaktion wird vermieden. Revolutionen treten im Gegensatz dazu als offene Konfrontation und als Herausforderung der bestehenden Verhältnisse in Erscheinung.

Wenn hier subversive, in gewisser Weise paradoxe Mechanismen analysiert werden, so mit der doppelten Absicht, sie gegebenenfalls nutzen zu können, wenn man selbst die Veränderung eines sozialen Systems anstrebt, aber auch, um sich dagegen schützen zu können, wenn eine wertgeschätzte soziale Ordnung (von wem und aus welchen Motiven auch immer) von Veränderung bedroht wird.

3.1.3 Aktive und passive Negation – Starke und schwache Konflikte

Die Variationen, die durch revolutionäre (oder terroristische) Aktivitäten eingeführt werden, können als »aktive Negationen« (Elster 1979) der identitätsstiftenden Werte oder Merkmale des Systems charakterisiert werden, während bei der Subversion lediglich ihre »passive Negation« vollzogen wird. Unter aktiver Negation ist eine Operation zu verstehen, die in ihrer Wirkung der jeweils negierten Operation logisch entgegengesetzt ist. Statt nach links wird beispielsweise nach rechts gegangen. Die passive Negation besteht darin, um bei dem Beispiel zu bleiben, nicht nach links zu gehen, aber auch nicht nach rechts.

Sie vollzieht keine antagonistisch wirkende Operation, sondern sie wirkt durch Nichtvollzug der zu negierenden Operation. Man ist nicht für ein bestimmtes politisches Regime und vollzieht keine es stützenden Aktivitäten, d. h., man bleibt passiv (»passive Negation«). Aber geht auch nicht aktiv in den Widerstand (»aktive Negation«) und kämpft nicht aktiv gegen das Regime.

Insofern können die Konflikte, die in beiden Fällen auftreten, unterschiedlich typisiert werden. Konflikte, bei denen sich Parteien gegenüberstehen, die sich gegenseitig durch ihre Aktionen oder Operationen (bzw. ihre abstrakten Ziele oder Strukturen) aktiv zu verneinen suchen, können als »starke Konflikte« betrachtet werden. Konflikte, in denen die eine Partei für ein bestimmtes Ziel, einen Wert, eine Struktur oder Ordnung aktiv wird, während die andere Partei passiv bleibt, können als »schwache Konflikte« charakterisiert werden. Bei Revolutionen kommt es nach dieser Kategorisierung zu starken Konflikten, bei der Subversion nur zu schwachen (vgl. Simon 2001, S. 31 ff.; Simon 2010). Revolutionen münden daher fast zwangsläufig in Kriege, während dies bei Subversion nicht der Fall ist.

In einer anderen Terminologie lässt sich auch davon sprechen, dass die Konflikte unterschiedlichen logischen Typs sind: Einmal wird das System in seinem Überleben als Einheit bedroht, das andere Mal nur irgendwelche inhaltlichen Merkmale, die nicht lebensentscheidend für das Überleben (die Identität) des Systems sind. Dies entspricht der Unterscheidung der »Veränderung 1. Ordnung« vs. »Veränderung 2. Ordnung« (Watzlawick et. al. 1974, S. 25 ff.) oder auch dem »Lernen unterschiedlichen Typs« (Bateson 1964, S. 362 ff.).

3.1.4 Akteure

Der umgangssprachliche Gebrauch verbindet den Begriff der Subversion mit einem Konflikt zwischen Machthabern und Machtunterworfenen. Dabei wird stillschweigend vorausgesetzt, dass die Machtunterworfenen diejenigen sind, die zu subversiven Maßnahmen greifen. Wenn man die hier vorgenommenen Definitionen verwendet, so stimmt das nur, wenn man unterstellt, dass die Machthaber den Status quo erhalten wollen. Wenn das nicht der Fall ist – wie zum Beispiel, wenn Politiker oder Manager die Verantwortung für Veränderungsprozesse übernehmen –, dann können auch die Machthaber subversiv wirksame Maßnahmen ergreifen. Ja, wahrscheinlich müssen – aus der theoretischen Perspektive betrachtet – alle sogenannten Top-down-Veränderungsprojekte als subversiv kategorisiert werden. Es geht dabei allerdings nicht so sehr um die Konfrontation zwischen irgendwelchen »feindlichen« Parteien, sondern um die Auseinandersetzung zwischen System und Umwelt, d. h. einem Funktionsträger und seinen Ideen und Vorstellungen und dem Staat oder Unternehmen als sozialem System mit seinen Ordnungsmustern. Dabei wird die gegebene Struktur (Hierarchie, Machtverhältnisse) des Systems dafür genutzt, die Struktur des Systems zu verändern.

So sind wahrscheinlich die gravierendsten subversiv wirksamen Initiativen in der Bundesrepublik Deutschland in den letzten Jahren von gewählten Politikern vollzogen worden, die – im Rahmen der allgemeinen Aufregung über die Globalisierung – Gesetze so verändert haben, dass ihre Wirkung weitreichende (wahrscheinlich nicht intendierte) Folgen für die gesellschaftliche Ordnung hat.

Als Beispiel sei hier die Gesetzgebung der Regierung Schröder genannt, die den Verkauf von Unternehmensanteilen von der Steuer befreit hat. Dadurch wurde die Entflechtung der »Deutschland-AG« möglich und gefördert. Bis dahin bestanden enge Abhängigkeiten zwischen den unterschiedlichen deutschen Großunternehmen, da sie wechselseitig Anteile aneinander besaßen. Die Vorstände des einen Unternehmens saßen im Aufsichtsrat des anderen und umgekehrt. Das führte zu einem engen Netzwerk, einem »Old-Boys-Network«, das auf persönlichen Beziehungen und gegenseitigen Abhängigkeiten beruhte. Die Logik des Kapitalmarktes, nach der Firmenanteile aufgrund kurzfristiger Gewinnkalkulationen ge- und verkauft werden, war dadurch konterkariert. Die Deutschland-AG (der »Rheinische Kapitalismus«) funktionierte insgesamt ähnlich wie ein an langfristigen Beziehungen und Loyalitätserwartungen orientiertes Familienunternehmen. Seit dieses Beziehungsnetz aufgrund der (im Effekt subversiven) Steuerbefreiung aufgelöst wurde, können auf einmal auch deutsche Aktiengesellschaften von angloamerikanischen Hedge- oder Pensionsfonds in ihrer Politik gesteuert werden. Denn nun können Mehrheiten oder Sperrminoritäten von Akteuren übernommen werden, die sich nur kurzfristigen Renditezielen verpflichtet fühlen und dementsprechend von den jeweiligen Firmenleitungen z. B. die Zerschlagung oder Filetierung von Unternehmen fordern. In den Aufsichtsräten von DAX-Unternehmen sitzen nun die Vertreter von angloamerikanischen Pensionsfonds, die Druck auf die Vorstände ausüben, ihre Managementprinzipien am Shareholder-Value zu orientieren, auch wenn dies erfordert, das »Familiensilber« zu verkaufen etc. Sosehr man die Vetternwirtschaft des alten Systems beklagt haben mag, es realisierte ein Alternativmodell zum Hire-and-fire-Kapitalismus US-amerikanischer Prägung. Durch ein scheinbar harmloses Gesetz wurde hier ein Schritt zur Veränderung des deutschen Wirtschaftssystems vollzogen. Da dies zur Gefährdung von Arbeitsplätzen führt, ist es nicht verwunderlich, dass inzwischen – zurück in die Zukunft – der Ruf danach laut wird, der Staat möge sich doch an Unternehmen beteiligen (z. B. Airbus/EADS, TUI).

Dass hier von den Entscheidern ein Umsturz der gesellschaftlichen Verhältnisse geplant war, ist eher unwahrscheinlich (bei den Lobbyisten vielleicht schon). Die Erklärung für solch eine Gesetzgebung ist wohl eher in systemischer Inkompetenz (um nicht zu sagen: Dummheit) zu sehen.

3.2 Strategie und Kampagne

Blicken wir zunächst auf die ursprüngliche Bedeutung von »Strategie«. Es leitet sich von griech. *strateia* ab, das »Feldzug, Heer« bedeutet. Der Stratege ist dann der Heerführer. »Kampagne« stammt von lat. *campus*, was »Feld« bedeutet.

Die Kampagne ist dann der Feldzug. Beide Begriffe stammen ursprünglich aus dem militärischen Bereich, es ging in beiden Fällen um kriegerische Ziele, d. h. lebensbedrohliche Konflikte. Beide Begriffe beziehen sich auf Muster miteinander verknüpfter, geordneter Operationen, die entweder tatsächlich (Kampagne) mit einer bestimmten Zielrichtung vollzogen werden oder deren Vollzug für die Zukunft geplant wird (Strategie). Der Unterschied zwischen Kampagne und Strategie besteht darin, dass einmal die Aktion, der Feldzug benannt wird, das andere Mal seine Leitung oder Planung. Unter Strategie wird dabei die planerische Idee oder Konzeptualisierung *längerfristiger, übergeordneter* Zwecke verstanden, die man dann durch unterschiedliche Feldzüge zu erreichen sucht. Im Unterschied dazu wird die »Taktik« von *kurzfristigen, augenblicksbezogenen* Erwägungen bestimmt. Strategie wie Taktik sind keine tatsächlich vollzogenen Operationen, sondern sie sind als Vorstellungen, Planungen, Begründungen und Motivation zu verstehen, die zu konkreten Handlungen führen. Aus Strategien resultieren Kampagnen, und konkrete Kampagnen folgen in der Regel bestimmten Strategien.

3.2.1 Raum-zeitliche Muster von Operationen

Die Begriffe »Strategie« und »Kampagne« haben sich im Sprachgebrauch inzwischen aus ihrem militärischen Ursprungskontext gelöst und werden auch in wenig martialischen Zusammenhängen verwendet (von der Karnevals- über die Werbe- zur Wahlkampagne oder Rübenernte, von der Therapiestrategie über das strategische Management bis hin zur Familienstrategie usw.).

All diese Kampagnen bzw. die ihnen zugrunde liegenden Strategien sind zwar zielgerichtet, aber ihre Zwecksetzung ist in der Regel nicht primär destruktiv (die Vernichtung eines »Gegners« oder »Feindes«), sondern auf positiv definierte Zwecke gerichtet. Dass es dabei auch zu Konflikten und Wettbewerbssituationen kommt, ist oft nicht zu vermeiden, aber eher eine Nebenwirkung als der Sinn der jeweiligen Strategie oder Kampagne. Im klassischen chinesischen Strategiedenken gilt der

Grundsatz: »Intakthalten auch der gegnerischen Truppen«, siehe Kap. 5). Ja, es ist sogar möglich, konfliktfrei auf sachliche Ziele zuzusteuern (z. B. Aufklärungskampagnen zu irgendwelchen Sachthemen können auch ohne Freund-Feind-Schema zustande kommen). Was als Gemeinsamkeit mit kriegerischen Feldzügen bleibt, ist die geordnete Abfolge, ein raum-zeitliches Muster aufeinander bezogener Operationen als definierendes Merkmal einer Kampagne. Sie kann dann sowohl »für …« wie »gegen …« durchgeführt werden.

3.2.2 Strategie vs. Taktik

Aus systemischer Sicht sind Kampagnen immer Interventionen in Kommunikationssysteme; sie müssen daher anschlussfähig sein, d. h. so weit den Erwartungen der Kommunikationsteilnehmer entsprechen, dass sie nicht sofort disqualifiziert werden. Wenn sie aber zu Veränderungen führen sollen, so müssen sie den Erwartungen der Kommunikationsteilnehmer widersprechen. Hierin liegt der implizite Widerspruch subversiver Kampagnen.

Folgt man der Unterscheidung zwischen Strategie und Taktik, so kann dieser Widerspruch aufgelöst werden, indem auf taktischer Ebene der Anschluss gesucht wird, der geeignet ist, strategisch, d. h. langfristig, den Widerspruch zu realisieren.

Die Aktionen von Greenpeace gegen den Giftmüllexport sind gute Beispiele für subversive Kampagnen. Die offene Konfrontation gilt den Müllschiebern, das unmittelbare und offen kommunizierte, mit der nötigen PR-Arbeit und öffentlichkeitswirksam präsentierte Ziel war meist die Rückführung des exportierten Mülls nach Deutschland. Doch dieses Ziel war taktisch gewählt. Das strategische Ziel war die Änderung der Rahmenbedingungen, d. h. der Gesetze in Deutschland und Europa, die den Export von Müll regeln.

Die Greenpeace Kampagnen gegen den Giftmüllexport waren insofern also nach taktischen Erwägungen konzipierte Interventionen, die einem übergeordneten, weiter reichenden und längerfristig wirksamen strategischen Zweck dienten. Sie sollen im Folgenden als Beispiel dafür genommen werden, wie sich subversive Interventionen generell gestalten lassen.[5]

3.3 Kampagnendesign

Das Design von Greenpeace-Kampagnen folgt einer typischen Dramaturgie, die das Schema des Kampfes von Gut und Böse inszeniert. Dabei sind die Akteure auf der Bühne nicht unbedingt diejenigen, deren Verhaltensänderung angezielt ist (»Zielsystem«). Es wird gewissermaßen über Bande gespielt, d. h., das Zielsystem wird nicht direkt konfrontiert, sondern nur indirekt involviert.

Da Menschen in Geschichten denken und Sinn aufgrund narrativer Muster zuordnen, ist die Inszenierung von Geschichten der direkteste und wahrscheinlichste kommunikativ anschlussfähige Weg in ein soziales System. Und wie bei anderen »Stücken«, die aufgeführt werden, gibt es auch hier ein Skript (»Drehbuch«), Protagonisten und ein Publikum.

Insgesamt werden vier unterschiedliche Akteure in die Kampagne verwickelt: der Campaigner, der Sünder, das Zielsystem und das Publikum.

3.3.1 Der Campaigner

Er kann als Person oder als Organisation auftreten. Im Allgemeinen ist der operative Bereich der Kampagne zu komplex, als dass er von Einzelpersonen erfolgreich realisiert werden könnte. Daher erfordert er eine Organisation oder zumindest eine Gruppe. Sie treibt das Geschehen voran, d. h., sie schreibt das Drehbuch, spielt eine Hauptrolle und versucht, Regie zu führen. Dabei hat sie sich die Rolle des »weißen Ritters« zugedacht, des Guten, der ohne Furcht und Tadel für die Tugend, Witwen und

5 Mein Dank gilt an dieser Stelle Andreas Bernstorff, der lange Jahre bei Greenpeace für die Kampagnen gegen den internationalen Giftmüllexport zuständig war und mir Einblick in seine Kampagnenplanung bzw. die von Greenpeace gewährt hat.

Waisen, Sauberkeit und Redlichkeit eintritt (Motto: »Pro bonum, contra malum«).

Damit diese Polarität inszeniert werden kann, bedarf es eines Gegenspielers, der die Rolle des Bösewichts übernimmt.

Bei den Greenpeace-Kampagnen ist es natürlich die kleine Gruppe gut organisierter Aktivisten, die mit ihren teilweise spektakulären, meist von Fernsehteams begleiteten, sorgfältig geplanten Aktionen die Aufmerksamkeit der Öffentlichkeit gewinnen.

3.3.2 Der Sünder

Er kann wiederum eine Person oder eine Organisation sein. Ihm ist die Rolle des Bösewichts zugedacht, an dem ein Exempel statuiert werden kann. Da es (zumindest bei den Greenpeace-Kampagnen) nicht um die Bekämpfung oder Änderung von Einzelpersonen geht, sondern um die von Praktiken und Verfahrensweisen (z. B. Methoden der Giftmüllentsorgung), deren Prinzipien geändert werden sollen, empfiehlt es sich, einen Akteur zu suchen, der möglichst gut beleumundet ist. Wird ein notorischer Sünder als Gegenspieler gewählt, so wird eine Kampagne keinerlei Neuigkeitswert entwickeln. Nur der »Gute«, dem es wichtig ist, als der Gute gesehen zu werden (sei es aus PR-Gründen oder aus Gründen der Selbstdefinition und -achtung), hat ein Motiv, etwas an seinen Praktiken zu verändern.

So wählte Greenpeace bei der Kampagne gegen die Verschrottung von Schiffen in Indien, bei der Tausende von Menschen ungeschützt hochgiftigem Asbeststaub ausgesetzt sind, ein Schiff der Oetker-Reederei Hamburg Süd. Sie hat einen guten Ruf, und die Familie Oetker eignete sich als Sünder besser als jeder zwielichtige Reeder von irgendwelchen »Seelenverkäufern«, weil sie nicht nur um ihren Ruf in der deutschen Gesellschaft besorgt ist, sondern weil auch an Werte appelliert werden konnte, denen sich die Familie und das Unternehmen verpflichtet fühlen. Mit gesundheitsschädigenden Praktiken assoziiert zu werden ist für das Image eines Lebensmittelproduzenten nicht wirklich hilfreich ...

Die Wahl eines Sünders mit gutem Image erhöht nicht nur die öffentliche Aufmerksamkeit, sondern sie erhöht auch die Wahrscheinlichkeit der Änderung der Praktiken, die kritisiert werden. Auf diese Weise ergibt sich auch die Chance, ein neues Vorbild (den bisherigen Sünder) zu etablieren, an dem andere sich orientieren. Es geht dabei um das Setzen von Standards, an denen sich in Zukunft die Erwartungen orientieren.

Insgesamt kann festgestellt werden, dass im Laufe der Kampagne zwar die Verhaltensänderung des Sünders angestrebt wird, sie ist aber nicht als Wert an sich zu verstehen, sondern als taktisches Zwischenziel, denn die Kampagne richtet sich auf die Verhaltensänderung des gesamten Zielsystems.

3.3.3 Zielsystem

Es ist das System, dessen Veränderung angestrebt wird. Seine Spielregeln sind es, die sich ändern sollen. Im Falle des Giftmüllexports ist dies die Änderung von Gesetzen, d. h., das Zielsystem ist das politische System, sind die Organisationen politischer Entscheidungsfindung. Allgemein kann gesagt werden, dass es um die Veränderung von Erwartungsmustern und damit von Strukturen des Zielsystems geht.

Wenn nicht die direkte Konfrontation des Systems gesucht wird – in der Absicht, seine Immunreaktionen zu verhindern –, kann der Veränderungsdruck auf das System durch das Auslösen von Druck durch eine relevante soziale Umwelt hergestellt werden. Im Bereich der Politik ist dies die Öffentlichkeit, das Wahlvolk. Es kann aber generell jede andere soziale Einheit oder jeder andere Akteur sein, die oder der sich in einer wie immer begründeten Machtposition dem Zielsystem gegenüber befindet.

Die Gründe für das Vermeiden der systeminternen Konfrontation können ganz unterschiedlicher Natur sein. Zum einen erzeugt die direkte Aktion in Richtung Veränderung des Status quo große Ängste und Widerstände innerhalb des Systems. Vermutete Revolutionen werden meist mit aller Entschiedenheit bekämpft, selbst wenn sie »von oben« angeordnet werden. Wenn man Mitspieler des Systems ist und nicht ausgegrenzt werden will, empfiehlt es sich meistens, eine direkte Infragestellung der bislang bewährten Prozeduren und Strukturen zu vermeiden – vor allem, wenn sie Aspekte betreffen, die als identitätsstiftend für das System betrachtet werden.

Es ist also günstig, auf äußeren Druck zu reagieren, statt ihn offen von innen zu generieren. So dürfte die Einbeziehung von externen Unternehmensberatern wie McKinsey und anderen oft genau diese Funktion haben: Über die Bande zu spielen und einen Akteur aus der Umwelt einzuschalten ermöglicht es Firmenleitungen, intern Veränderungsdruck zu erzeugen, ohne selbst die Verantwortung für die vorgeschlagenen Maßnahmen (z. B. Personalabbau) übernehmen zu müssen.

3.3.4 Publikum

Der Begriff »Publikum« ist im Zusammenhang mit subversiven Kampagnen eigentlich zu milde gewählt, da er eine Passivität suggeriert, die der hier gemeinten Rolle nicht entspricht. Das Publikum ist nicht außenstehender Beobachter, sondern der Akteur, der eine das Geschehen bestimmende Funktion zu übernehmen hat. Es ist gewissermaßen derjenige Mitspieler, der in der Lage ist, entscheidenden Druck auf das Zielsystem auszuüben, um dessen Verhaltensänderung zu initiieren. Im Falle von Greenpeace ist dies in der Regel die Öffentlichkeit. In anderen Fällen könnte es sogar eine entscheidende Einzelperson sein.

Es ist ein Prinzip dieser Art von Kampagnen, aus vermeintlich unbeteiligten Zuschauern Beteiligte zu machen, die sich einmischen. Es wird ihnen, da an ihre Werte appelliert wird, unmöglich gemacht, die Position des neutralen und außenstehenden Zuschauers einzunehmen. Sie werden ins Spiel gezogen, müssen Stellung beziehen, und so verändert sich schließlich das Kräfte- und Machtgefüge. Beispielhaft für diese Nutzung des Wertesystems der Zuschauer waren die Strategien Mahatma Gandhis, der die britische Kolonialherrschaft in Indien dadurch entmachtete, dass er das Wertesystem der Briten nutzte, um die britischen Aktionen zu disqualifizieren. Auf diese Weise ist es ihm gelungen, das politische System der Kolonialmacht so zu beeinflussen, dass die Aufrechterhaltung der Kolonialherrschaft für die britische Bevölkerung – das Publikum – nicht mehr konsensfähig war (vgl. Simon 1986). Keine äußere Macht hat Großbritannien unterworfen, sondern die Veränderung der internen politischen Verhältnisse – die öffentliche Meinung – hat es ohne Anwendung von Gewalt dazu gebracht, seinen Herrschaftsanspruch aufzugeben.

Das Publikum braucht keinen direkten Kontakt mit dem Sünder zu haben. Beim Beispiel des Giftmüllexports hat die Öffentlichkeit Druck auf die deutsche Bundesregierung gemacht, die Gesetze zu ändern. Die ursprünglich ausgewählten und angeprangerten Müllexporteure als Personen oder Firmen spielten keine Rolle mehr.

Sünder und Zielsystem können im Einzelfall auch miteinander identisch sein. Dies war bei der Brent-Spar-Aktion der Fall. Wenn Verbraucher beschließen, die Produkte einer bestimmten Firma (Benzin von Shell) nicht mehr zu kaufen, weil sie mit ihren Müllentsorgungspraktiken nicht einverstanden sind, so ist das eine Aktion (wenn sie koordiniert und umfassend genug erfolgt), die direkte Wirkung auf die betreffende Firma hat.

3.4 Entscheidungen

Generell lassen sich zwei unterschiedliche Wirkungen subversiver Kampagnen unterscheiden. Entweder sie führen dazu, dass Entscheidungen notwendig und möglich werden, wo dies vorher noch nicht der Fall war, oder aber sie führen dazu, dass in einer bis dato entscheidungsreifen Situation Unentscheidbarkeit eingeführt wird, d. h. Entscheidung verhindert oder verzögert wird.

Meist gelingt dies dadurch, dass sich die Beschreibung und/oder Bewertung der Situation verändert. Durch die Kampagne wird ein Interpretationsrahmen in die Kommunikation eingeführt, der zu einer Umdeutung des Geschehens führt. Aus einer bis dato gesetzeskonformen Aktion (Giftmüllexport) wird ein

Verbrechen an der Menschlichkeit (Vergiftung der Umwelt in Rumänien).

Vielleicht ist dies ja sogar ein Weg, eine allgemeine Definition von Subversion zu finden: als Wechsel der Kontexte, der zu Neuinterpretationen führt und damit zu Veränderungen. Dann kann auch Humor oder Kunst als subversiv wirksam erklärt werden.

Ganz generell sind Interventionen, seien sie nun subversiv oder nicht, am wirkungsvollsten, wenn sie einen hohen Symbolwert besitzen. Daher ist es wichtig, in den jeweiligen Kampagnen *Anschluss* an vorhandene narrative Muster innerhalb der jeweiligen Kultur zu finden (z. B. Heldenmythen, Gut-böse-Schemata etc.). Dies sichert, dass die Beobachter sich emotional mit den Akteuren identifizieren können. Geschichten sind die einfachste und wirkungsvollste Form der Komplexitätsreduktion, daher werden Geschichten angeboten, die für jedermann verständlich und nachvollziehbar sind. Die konkreten Aktionen sind »per se« bedeutungs- und sinnvoll, sie gewinnen aber darüber hinaus auf einer allgemeinen Ebene Bedeutung und weisen über sich selbst hinaus: auf die Notwendigkeit der Veränderung im Zielsystem (einen Regelungsbedarf, notwendige Gesetzesänderungen, Umstrukturierungsnotwendigkeiten).

Erklärung zu Abbildung 8:

Die vier Akteure der Greenpeace-Kampagne sind:

1. der Campaigner (Person/Organisation)
2. der Sünder (der offene Gegenspieler, der dafür benutzt wird, einen allgemeinen Missstand zu konkretisieren oder zu personalisieren)
3. das Zielsystem (das politische System, in dem eine Änderung mit nachhaltiger Wirkung angestrebt wird),
4. das Publikum (die Öffentlichkeit und Presse, die Druck auf die Politik ausüben)

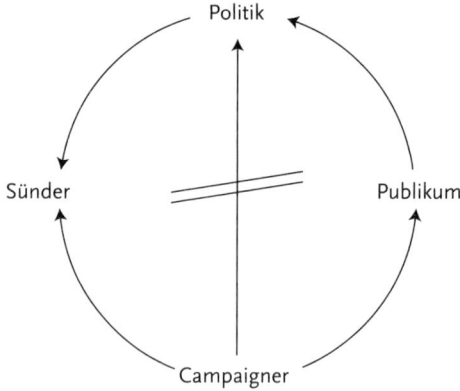

Abb. 8: Schematische Darstellung der Zielrichtung und Wirkungsweise subversiver Kampagnen

3.5 Subversivität und Situationspotenziale

Die hier als subversiv bezeichneten Kampagnen bzw. ihre Logik folgt einem Strategieverständnis, wie es auch in den Schriften der chinesischen Klassiker zu finden ist. Es unterscheidet sich von dem westlicher Theoretiker vor allem dadurch, dass Ziele nicht durch den Aufwand von Kraft und Energie (je mehr, desto besser) irgendeines Akteurs (»Helden«) angestrebt werden, sondern dass das »Situationspotenzial« für die jeweils eigenen Zwecke genutzt wird. Dies setzt ein hohes Maß an systemischem Verständnis für die in einer aktuellen Beziehungskonstellation enthaltenen Tendenzen und Möglichkeiten voraus. Wenn es gelingt, dieses aktuelle Potenzial diagnostisch zu erfassen, so kann durch gezielte Aktionen zum rechten Zeitpunkt mit relativ geringem Aufwand relativ viel an Veränderung erreicht werden (Jullien 1996, 2006; vgl. auch Abschn. 4.3 und Kap. 5).

»Es kann auch eine strategische Entscheidung sein, keine Strategie zu haben. Spontaneität, Kreativität und Unberechenbarkeit genießen bei Greenpeace von jeher eine höhere Wertschätzung als Theoriebildung und Strategie«,

schreibt dazu der Leiter Politik von Greenpeace Deutschland (Krug 2005).

4 Anwendung

4.1 Umsetzung von Forschung in Politik – Ein Praxisbeispiel

Wissenschaftliche Gutachten und Forschungsprojekte enden mit zusammenfassenden Befunden und der Empfehlung von Maßnahmen. So auch der Abschlussbericht eines mehrjährigen Projektes über »Humanpharmakarückstände im Wasser« im Auftrag des Bundesforschungsministeriums (BMFT).

Auftragnehmer war das Institut für Technikfolgenabschätzung und Systemanalyse (ITAS) am Forschungszentrum Karlsruhe in Zusammenarbeit mit dem Institut für sozial-ökologische Forschung (ISOE), Frankfurt.

Medizinrückstände im Wasser sind unerwünscht, weil sie zu Veränderungen bei aquatischen Lebewesen führen und die Entstehung resistenter Erreger begünstigen können. *Ein* Pfad, auf dem unverbrauchte Medikamente ins Abwasser gelangen, ist das Entsorgungsverhalten: Tabletten, Pulver und Flüssigkeiten werden über Toiletten oder Ausgüsse weggespült. Ein weiterer Pfad sind die menschlichen Ausscheidungen, die die Pharmakarückstände über die Toiletten ins Abwasser bringen.

4.1.1 Drei Ansätze …

Die Wissenschaftler definieren drei Ansätze zur Lösung dieses Problems: *Technik, Verhalten* und *Wirkstoff.*

Technische Lösungen sind verfeinerte Klärtechniken. Eine elegante sogenannte Containment-Lösung. Eine Containment-Lösung löst ein Problem innerhalb eines komplexen Geschehens durch einen einzigen Eingriff. Wenn also im Klärwerk alle unerwünschten Pharmakarückstände technisch isoliert oder neutralisiert werden können, muss niemand sonst sein Verhalten ändern, die produzierende Pharmaindustrie nicht und die Verbraucher nicht. Nur ist bisher keine Klärtechnik bekannt, die alle denkbaren Rückstände herausfiltert. Verbesserungen sind aber nach Stand der Technik möglich und finanzierbar.

Den *Verhaltensansatz* werden wir weiter unten besprechen, er betrifft sowohl das Entsorgungsverhalten der Verbraucher als auch das Verschreibungsverhalten der Ärzteschaft.

Der *Wirkstoffansatz* ist bei Weitem der schönste, weil er, wiederum als Containment-Lösung, keine Änderungen in anderen Bereichen verlangt. Allerdings sind auf dem Weg zu völlig unschädlichen Pharmaka-Rückständen bzw. »grünen Medikamenten« noch nicht einmal die ersten Schritte getan.

Es führt, möchte man praktische Verbesserungen in absehbarer Zeit erreichen, kein Weg daran vorbei, alle drei Ansätze zu beachten, drei Wege zu beschreiten. Wir stehen an der *Schnittstelle zwischen Wissens- oder Forschungssystem und Anwendungssystem*, einfacher gesagt: zwischen Wissenschaft und Politik.

Der Auftrag an ITAS und ISOE ist erledigt, die Forscher befinden sich längst auf anderen Forschungswegen, und die Auftraggeber im BMFT müssten jetzt eigentlich den Ball weiterreichen, etwa an das Bundesgesundheitsministerium (BGM), zuständig für Pharmaka, und das Umweltministerium (BMU) wegen der Abwässer und der Klärtechnik. Das BMU würde dann im föderalen System an die Länderministerien weiterreichen etc.

4.1.2 … zur Wirkung bringen

Dergleichen geschieht nicht, es geschieht gar nichts, und das ist häufig so. Die *Systemdiskrepanz Wissen/Politik* führt besonders in Deutschland zu enormen Wissensüberhängen gegenüber eklatanten und auf der Hand liegenden Praxismängeln. Deutschland hat eine im Weltmaßstab vergleichsweise hoch ausgebildete Risikoreflexion im gesellschaftlichen Diskurs und wenig Umsetzung, sieht man einmal von der merkelschen Nach-Fukushima-Energiewende ab.

Wir beginnen jetzt folgendes Gedankenspiel: Gesetzt, es gäbe einen vernünftigen Umgang mit Forschungsgeldern und eine Art Folgen- und Erfolgskontrolle und wir hätten einen Auftrag, *Wirkungen zu erzeugen.* Wir wären Kampagnenplaner mit einer spannenden Aufgabe. Wir müssten ein Kommunikationsdesign entwickeln. Wir könnten nicht an drei oder fünf Fronten gleichzeitig kämpfen: Es soll ein Kampagnendesign entwickelt werden, das breit streut, schnell wirkt, möglichst synergetisch konstruiert ist und eine Eigendynamik entfalten kann. Wobei es im *Verlauf der Zeit immer um verschiedene Themen* geht. Lauter kleine Kampagnen nacheinander.

4.1.3 Grundsätzliches

Vor strategischen Kommunikationsanstrengungen legt man das Ziel (die angestrebte beobachtbare Veränderung) fest, definiert das Bezugssystem, den Raum also, in dem kommuniziert wird (»Alle, die damit zu tun haben«), und innerhalb des Bezugssystems Zielsysteme, in denen die Veränderung stattfinden soll (vgl. auch 2.4.2).

Im Bezugssystem, einem Kraftfeld, lassen sich Subsysteme ausmachen, die in Betracht gezogen werden müssen: Unterstützer, Gegner, Neutrale (»Alle, die eine Rolle spielen könnten«). Die Kraftfeldanalyse gilt als abgeschlossen mit der Beantwortung der Fragen: Wo ist das Zielsystem, wer unterstützt das Anliegen, wer bekämpft es, und wen kann ich *ungestraft vergessen?* Im Zielsystem oder in den Zielsystemen definieren die Kampagnenplaner einen oder mehrere Schlüsselakteure, der oder die die Veränderungen umsetzt bzw. umsetzen. Wir sind also auf dem Weg zu einem *akteursbezogenen, veränderungsorientierten Kommunikationsdesign.*

4.1.4 Systemik

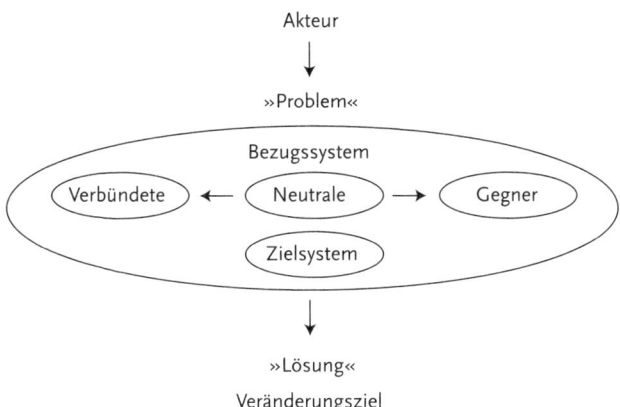

Abb. 9: Systemik I

Nachdem wir akzeptiert haben, dass alle drei Aspekte wichtig sind und angegangen werden müssen, wenden wir uns dem zu, was *ab sofort geschehen kann*. Wir entwickeln *Kommunikationsstrategien*, die pragmatisch, ohne Rücksicht auf den Gesamterfolg und auch ungeachtet ihres anteiligen Beitrags dazu Teilerfolge anstreben.

Mögliche »Synergien« von einem Bereich auf einen anderen können antizipiert werden, sind insofern beim Design günstig und sollten zum Vorzugskriterium gemacht, nicht aber für notwendig erklärt werden.

Dieses Vorgehen ist durchaus dezisionistisch: Man beginnt an einer Stelle zu werkeln, wo man den passenden Schraubenzieher zur Hand hat oder wo man die größte Labilität im vorfindlichen System entdeckt oder wo man mit den geringsten Kosten unter beiden Aspekten *Wirkung erzeugt*.

Auf solcherart Betrachtungen basiert der folgende Vorschlag zum weiteren Vorgehen. Erstens gehen wir davon aus, dass Pharmakarückstände im Wasser schlecht sind, und *fragen nicht weiter, wie schlecht* sie sind. Zweitens beenden wir den

Risikodialog und beginnen mit der dezisionistischen Auswahl von praktischen Kommunikationsanstrengungen nach Opportunitätserwägungen: Was geht leicht, wirkt schnell und kostet nichts (wenig)?

4.1.5 Zeit

Unter der Fragestellung »Was kann bis wann erreicht werden?« werden die verschiedenen möglichen Maßnahmen auf eine *Zeitachse* aufgetragen. Dabei zeigt sich wieder, dass die sicherste Praktik bezüglich des Medikamentendesigns erst im denkbar längsten Zeitraum lösbar ist, in einer Zeit, die die Akteure von heute nicht mehr erleben.

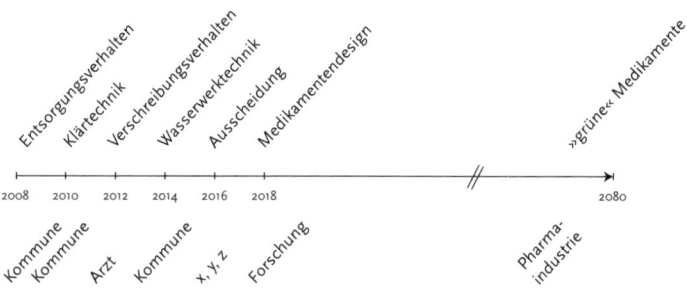

Abb. 10: Zeitachse – Problem der zeitlichen Beherrschbarkeit

Am schnellsten dagegen kann eine Maßnahme umgesetzt werden, die materiell wahrscheinlich am wenigstens bringt: das *Entsorgungsverhalten* bei unverbrauchten Medikamenten, deren Verfallsdatum abgelaufen ist. Viele Medikamente werden aus Verpackungen und Blistern gelöst, in Toiletten geworfen oder geschüttet und gelangen so auf sicherem Weg in den Abwasserpfad. Die Blister kommen zum Recycling in die gelbe Tonne, Kartonageverpackungen und Packungsbeilagen zum Altpapier.

Bei diesem Verhalten handelt es sich um die Übertragung des Mülltrennungsverhaltens unter dem Regime des »Grünen Punktes« (Duales System Deutschland), es wurde in den

1990er-Jahren durch die Kommunen als entsorgungspflichtige Körperschaften induziert. Was behördlich durchgesetzt wurde, lässt sich auf demselben Wege, auf Medikamente bezogen, auch wieder ändern.

Für die Änderung des *Arztverhaltens* wird eine etwas längere Frist veranschlagt, weil die politische Konditionierung erst über Änderungen im Punktesystem der GOÄ (Gebührenordnung für Ärzte) erzielbar ist.

Ebenso brauchen alle Ansätze zur Verbesserung der *Klärtechnik* und *Trinkwasseraufbereitungstechnik* politische und fiskalische Vorläufe in den Kommunalparlamenten.

Für erste Erfolge der Forschung bei der Entwicklung von benignen *Medikamentenwirkstoffen* wird die längste Frist veranschlagt, auf die eine noch viel längere für die globale Umsetzung folgt.

4.2 Schlüsselakteure

Es ist im vorigen Abschnitt, auf der Zeitschiene, schon sichtbar geworden, an welchen Hebeln die Kommunen sitzen. Vollends deutlich wird dies, wenn man die drei Ansätze (Technik, Verhalten, Wirkstoffe), die empfohlenen Maßnahmen und die Akteure konzentrisch anordnet: Von fünf Akteursoptionen sind drei »Kommune« – einmal bei Verhalten, zweimal bei Technik.

Denkbar ist auch, dass die Gesamtheit der Kommunen, also die kommunalen Spitzenverbände wie der Deutsche Städtetag etc., auf die Pharmaindustrie (Forschung) einwirkt.

Lässt man sich bei der Entwicklung eines akteursbezogenen und veränderungsorientierten Kommunikationsdesigns von diesem Befund leiten, so wird über weitere Erwägungen, was den Kommunikationsraum betrifft, deutlich, dass synergetische und einander verstärkende Rückkopplungsvorgänge geradezu unvermeidbar sind – aber dennoch zum Zweck bestmöglicher Wirkung sorgfältig orchestriert sein wollen.

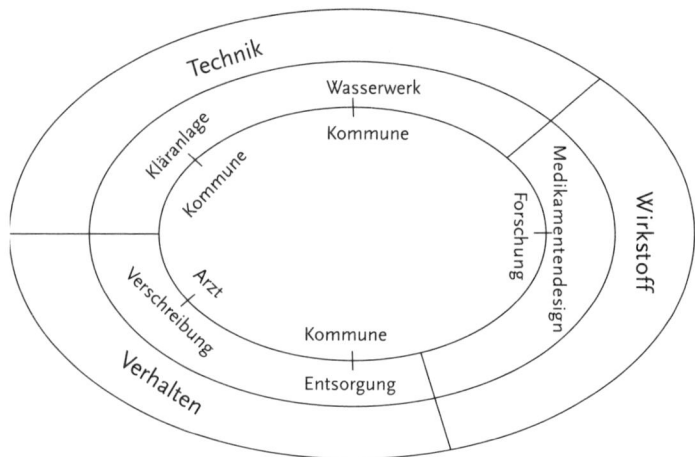

Abb. 11: Ansatz, Maßnahme, Akteur

Beispiele:

(1) Mit dem Appell der Kommune »Keine Medizin ins Wasser« an das Verbraucher*verhalten*, per Postwurfsendung an jeden Haushalt und an alle lokalen und regionalen Medien ist bei jedem denkenden Menschen ein Bewusstsein für die Problematik geweckt, egal ob er sich daran hält oder nicht; es gibt keine Medienstrategie, die eine tiefere gesellschaftliche Durchdringung verspräche als kommunale Benachrichtigungen an alle Haushalte.

(2) Der Containment-Ansatz über *Technik* hat im Fall kommunale Abfall- und Wasserwirtschaft, anders als bei anderen Containment-Lösungen, den Vorteil (oder Nachteil), dass er verbindlich *kommuniziert werden muss*. Denn zur Finanzierung über kommunale Haushalte sind politische Abstimmungen und Beschlüsse zwingend notwendig. Und weil das so ist, sollte optimal und gestaltend kommuniziert werden.

(3) Die systemische Konditionierung der Ärzte wiederum korreliert und koppelt automatisch rück. Der Arzt ist erst ein-

mal ein Bürger und Patient, also Medikamentenverbraucher, dem die Kommune schon einmal gesagt hat, dass er keine Pillen in die Toilette schütten soll, und die vielleicht gerade über teure Klärtechnik debattiert. Eine ärztliche Beratung, Ermahnung, Anweisung an die Adresse der Patienten wiederum hat dann doppelten Rückkoppelungseffekt.

Eine derartige Kommunikationsplanung macht allein über ihr Design deutlich, wo, an welchen Stellen, ab welchem Zeitpunkt und wie sie sich »von allein integriert« und welche Synergiepotenziale sich entfalten, die es dann »nur noch« zu gestalten gilt.

Abb. 12: Risikokommunikation: Ausschaltung der Kontingenz einer möglichen Katastrophe

4.3 Situationspotenziale

Spätestens hier wird klar, dass wir den Pfad linearstrategischer Planung mit Zielhierarchien und Priorisierungen längst verlassen haben, indem wir ja dezisionistisch und opportunitätsbezogen ausgewählt haben, welche Maßnahme wo gerade am besten passt. Die Abkehr von der Maxime »First things first« rechtfertigt sich durch lebensweltliche Realitäten und Erfahrungen und hat einen sehr schönen Ausdruck im klassischen chinesischen Strategiedenken gefunden. Dort geht es nicht primär um das Ziel, sondern um die Neigung, die Gunst der

Lage, das Situationspotenzial und den Weg als Ziel. Hierzu mehr in Kapitel 5.

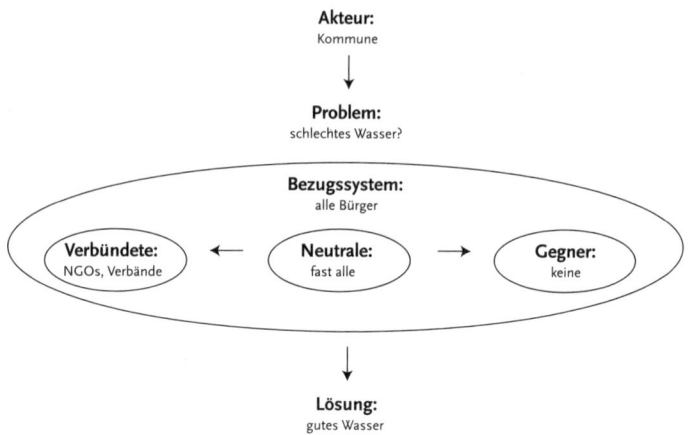

Abb. 13: Systemik II

4.4 Direktive Risikokommunikation

Die hier vorgeschlagene Art von Risikokommunikation wendet sich nicht primär an den »mündigen Bürger«, der mit wissenschaftlichen Unsicherheiten verantwortlich umgehen soll, um eine persönliche Verhaltensentscheidung zu treffen unter der Frage: »Welches Risiko soll ich auf mich nehmen?« Es ist ja auch gar nicht *sein* Risiko nach einem Muster »(Wie viel) soll ich mobil telefonieren?« oder »Wie viele Sonnenbäder pro Jahr mute ich meiner Haut zu?«.

Vielmehr dreht es sich hier um ein allgemeines Schutzgut (Wasser), ein Gemeingut, bei dessen Veränderung das Verhalten Einzelner eben »gemeingefährlich« ist oder sein kann. Menschen sind es in diesen Dingen gewohnt, Ratschlägen und Anweisungen zu folgen.

Deshalb ist es gerechtfertigt und angebracht, durch die einfache Anweisung »Keine Medizin ins Wasser!« Sicherheit im

Sinne von Handlungssicherheit zu kommunizieren, wobei Ungewissheiten nicht geleugnet werden dürfen. Sie stehen aber nicht im Vordergrund, sondern bleiben zunächst latent, im Hintergrund. Es ist für eine öffentliche, legitimierte Körperschaft geradezu Gebot, unter dem *Vorsorgeprinzip* Veränderungen eines Umweltmediums zu begrenzen, selbst wenn sie nicht genau wüsste, (ob und) wie die Veränderung dort wirkt. Sonst gäbe es für Planungen und Projekte keine Umweltverträglichkeitsprüfungen oder Haushaltsvorbehalte. Da wird ein Verfahren oder eine Entscheidung auf mögliche Wirkungen – Umweltschaden oder Pleite – hin geprüft, bevor es zugelassen oder sie getroffen wird. Und bei Medikamentenrückständen ist ein entsprechender Prüfungsvorgang eben noch nicht abgeschlossen.

Allein die gesicherte Erkenntnis, dass Medikamentenrückstände die Fertilität von Fischen beeinträchtigen, zwingt zum Eingriff und dürfte für die meisten Menschen reichen, um der Anweisung willig Folge zu leisten und sie nicht als Schikane zu empfinden.

Glücklicherweise ist ja Blisterausdrücken keine Sucht wie Tabakrauchen oder Sonnenbaden. Es ist eine schlechte Gewohnheit, nicht mehr, denn weder ist es gesundheitsschädlich, noch sieht man danach schöner aus.

Die Forscher haben festgestellt, dass es einen politischen oder gesellschaftlichen »Gesamtakteur« für die Lösung des Problems »Medizinwirkstoffe im Trinkwasser« nicht gibt. Das liegt an der oben angesprochenen Inkongruenz von Wissenssystem und Politik. Der Akteur muss immer noch gefunden werden, dann könnte es eigentlich losgehen.

5 Situationspotenziale versus linearstrategische Planung – François Julliens Blick nach China

Von Andreas von Bernstorff und Annika Serfass

Der französische Philosoph François Julliens hat in zwei Schriften das klassische chinesische Strategiedenken dargestellt – hier eine kleine Zusammenfassung.

Das europäische und angloamerikanische Strategiedenken folgt Clausewitz. Clausewitz definiert Zweck und Ziel der Strategie, wobei Zweck das englische *goal* oder *target* ist und Ziel der Ort, an dem der Zweck erreicht wird. Die Aufgabe des Strategen, des Feldherrn, ist, den kürzesten Weg zum Ziel zu wählen. An diesem Ort wird das politische Ziel, der »Zweck« der Operation, durchgesetzt oder verhandelt. Clausewitz' »Friktionen des Krieges« sind dann die Störungen, mit denen man rechnen muss oder, banaler, »die Anwesenheit des Gegners« (J. P. Sartre: »Beim Fußball verkompliziert sich alles durch die Anwesenheit des Gegners«). Das Ziel einer (militärischen) Operation ist also der Ankunftsort der Truppen, wo über den politischen Zweck entschieden wird.

Vor dem Hintergrund dieses linearstrategischen Denkens werden *besondere Aktionen in schwieriger Lage* dann »Geniestreich« genannt, wie zum Beispiel das »Wunder an der Marne«. Der französische General Galliéni schaffte im August 1914 an die 6 000 Mann in requirierten Privatautos, den sogenannten Marnetaxis, an die Front gegen die Deutschen und wurde dadurch zum »Retter von Paris«. Im klassischen chinesischen Denken dagegen wäre dieses Wunder eher ein naheliegendes und kein »geniales« Mittel.

Dem klassischen chinesischen Denken fehlt – nach Jullien – schon der Begriff »Ziel«. Um es aus der westlichen Literatur zu übersetzen, werden zwei Wörter, Zeichen, kombiniert, nämlich »Auge« und »das Schwarze« (in einer Zielscheibe). Geläufig seit 2500 Jahren sind dagegen Begriffe wie »Hang«, »Neigung« oder »Hangneigung«. Die Urformel des chinesischen Strategiedenkens ist die militärische Anweisung, hangabwärts die feindlichen Truppen zu bekämpfen – niemals bergauf. Also die Schwerkraft nutzen und wie das Wasser fließen. Wir übersetzen »Neigung« in der Regel mit »Situation«. *Situs* beschreibt in unserer Medizin die Lage der inneren Organe zueinander und bestimmt den strategischen Operationszugriff.

Der Ausgangspunkt einer Situationsanalyse nach chinesischem Vorbild wäre also, nicht nach einem Ziel (*telos* seit Aristoteles) zu streben und dies auf dem kürzesten Weg zu erreichen, sondern eine Lage, Situation zu nutzen, in der wir expandieren oder uns stabilisieren können, ohne einen großen Angriff zu starten und ohne ein *bestimmtes* Ziel anzustreben. »Siegen, ohne zu kämpfen« ist die altchinesische Parole.

Dabei kann es niemals eine »Intervention von außen« geben, Schicksalsschläge oder Götterzorn. Alles, was geschehen kann – auch von Seiten des Feindes –, alles, was eine Rolle spielt, ist in der Situation bereits enthalten und gilt es zu erfassen. Damit hängt ein Wahrsageverbot zusammen: Vor der Schlacht ein Orakel zu befragen ist dem Strategen untersagt.

Heroismus, Opfermut gelten dort nichts. Weglaufen ist nicht feige, sondern je nach Situation geboten. Stillhalten, Nichtstun ist sinnvoll, wenn die Lage ungünstig ist und Handeln erst wieder sinnvoll, wenn die Lage sich gewendet hat oder es gelungen ist, sie im Stillen zu wandeln. Man kann nichts erzwingen. Der dumme Bauer zieht an den Halmen des Hafers, um das Wachstum zu beschleunigen, der kluge wässert, schützt und pflegt die Pflanze. Er begünstigt, wandelt die Situation, fasst die Pflanze aber nicht an.

Jullien verweist darauf, dass China als einzige der verschriftlichten Hochkulturen kein Heldenepos hervorgebracht hat. Wohl aber das *I Ging, das Buch der Wandlungen* (»Beharrlichkeit führt zum Ziel«).

Gleichzeitig betont er, dass in der Gestalt des Odysseus, des Listenreichen, im Abendland ein vorheroischer Typus besungen wird, der Situationen erkennt und zu seinen Gunsten nutzt. Erst das teleologische Denken der griechischen Klassik seit Aristoteles, also nach Homers *Odyssee*, macht die Protagonisten zu strahlenden – und tragischen – Helden. Die guten Generale sind dann die Geometer. Die Geometrie mit ihren Linien, Winkeln und Aufstellungsfiguren für die Truppen wird zur vorherrschenden Denkform der Strategen. In dieser Welt, nach der Inthronisierung der Zielstrebigkeit, wird Odysseus vom Listenreichen zum Opportunisten degradiert.

Dagegen werden in China seit dem 5. vorchristlichen Jahrhundert Kataloge von (Kriegs-)Listen erstellt und bis heute gelehrt und gepflegt, die wir im Westen »Strategeme« nennen. Sie beschreiben allerlei Täuschungsmanöver und Tricks. Zum Beispiel »Einen alten Baum mit frischen Blumen schmücken« oder »Im Osten viel Lärm machen, um im Westen anzugreifen«. Besonders wichtig – zurück zu Jullien – scheint uns der Grundsatz, die »gegnerischen Truppen intakt zu lassen«, statt sie zu vernichten. Um sie bestenfalls zu übernehmen. Eine Taktik dabei: Man macht Gefangene, behandelt sie gut und lässt sie nach einiger Zeit frei. Sie gehen zurück zu ihren Truppen und haben nur Gutes über den Gegner zu berichten.

Vor diesem Hintergrund fällt auf, dass China selbst sich – neben den internen Unterdrückungskampagnen gegen Tibeter und Uiguren – keine raumgreifenden äußeren Kriege leistet. In Vietnam wurde den Amerikanern die große Schlacht verweigert, auf die sie immer wieder setzten. China erobert auf andere Weise die Welt. Es handelt. Und wer handelt, der handelt.

Nach dem Besuch des deutschen Außenministers Westerwelle in China im Januar 2010 spricht die deutsche Seite von einem »konstruktiv-kritischen Umgang« mit der chinesischen Führung, während die Chinesen sagen: »Gemeinsamkeiten suchen und Differenzen beiseitelassen« (*dpa*, 06.01.2010) Wenn man etwas konstruiert, hat man ein Gebäude oder ein System

Westen	Kommentar	China	Kommentar
Berechnung/Planung	ausgehend von der Geometrie	Reifung	ausgehend vom natürlichen Wachsen
Ziel	Kreuzpunkt von Linien, Endergebnis	Weg (»als Ziel«)	Tao, was auf dem Wege geschieht/möglich ist
teleologisches Denken		vegetales Denken	
Fortschritt	Annäherung an Ideale	Prozess	ständige günstige Wandlung
Handeln	momentan, lokal, auf Subjekt bezogen	Wandeln	dauernd, umfassend, auf Situation bezogen
Vernichtung des Feindes	Triumph, Feind ist absolut	Intakthalten der Truppen	der eigenen und der fremden
effektiv	sichtbar, markiert, pompös	effizient	diskret, indirekt, stillschweigend
Zielerreichung	Modellbildung, Plan, Umsetzung	Nutzenmaximierung	durch Ausschöpfung des situativen Potenzials
Intuition	als Antwort auf die Friktion	Bewusstsein	durch ständiges Evaluieren des Potenzials
Opfern	sich selbst, heldenhaft für die Ideale	Warten	auf die Änderung der Umstände, der Situation
heroisch	große Generale, Statuen	unsichtbar	Strategie ist das Gegenteil von Heldentum
Sturm und Drang	das eine beendet das andere	Yin und Yang	das eine wechselt das andere ab, beides ist im anderen enthalten

Tab. 2: Eine kleine Übersicht über typische westliche und chinesische Prinzipien

im Sinn, und indem man sich als kritisch gegenüber dem Gesprächspartner lobt, distanziert man sich von ihm.

Wenn man Gemeinsamkeiten sucht, nähert man sich dem Gesprächspartner, und indem man Differenzen explizit beiseitelässt, bekräftigt man dies. Teleologie versus günstige Wandlung der Situation.

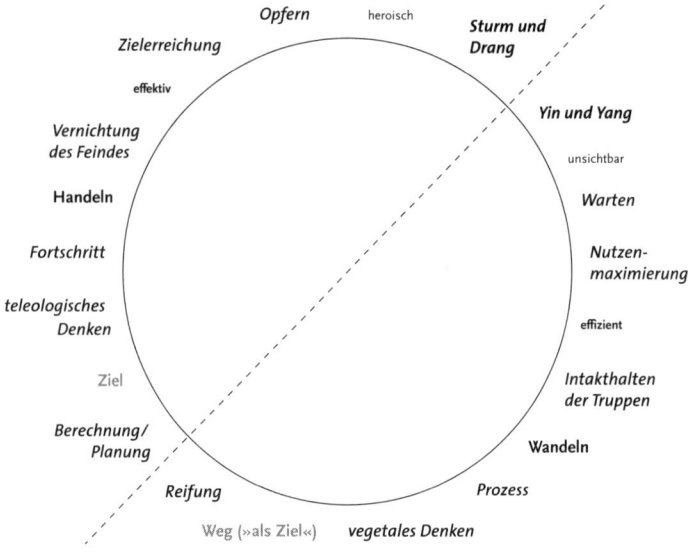

Abb. 14: Westliche und chinesische Prinzipien auf einen Blick (vgl. dazu Bernstorff u. Serfass 2009)

Althaus, M. (2007): Schlüsselbegriff Kampagnenmanagement – Standards und Instrumente für eine moderne Kampagnenführung. In: K. Plehwe (Hrsg.) (2007): Die Kampagnenmacher. Die neuen Instrumente und Strategien erfolgreicher Stakeholder-Dialoge. Berlin (Helios Media), S. 23–53.

Baecker, D. (2005): Freiheitsspielräume der Unbestimmbarkeit, X-Organisationen: Postklassische Theorie und postheroisches Management. Verfügbar unter: http://www.changex.de/Article/article _1933 [14.11.2011].

Baecker, D., P. Krieg, F. B. Simon (Hrsg.) (2002): Terror im System. Der 11. September 2001 und die Folgen. Heidelberg (Carl-Auer).

Bateson, G. (1964): Die logischen Kategorien von Lernen und Kommunikation. In: G. Bateson (1981): Ökologie des Geistes. Frankfurt a. M. (Suhrkamp), S. 362–399.

Behrent, M. u. P. Mentner (2001): Campaigning – Werbung in den Arenen der Öffentlichkeit. Münster (LIT)

Berens, H. (2001): Prozesse der Thematisierung in publizistischen Konflikten. Wiesbaden (Westdeutscher Verlag).

Bernstorff, A. (2002): Bericht aus der Giftmülldetektei. (Dokumentationszentrum »ANSTAGESLICHT.DE«.) Verfügbar unter: http:// anstageslicht.de/index [20.10.2011].

Bernstorff, A. (2008): Goldene Regeln für Kampagneros. *politik & kommunikation* (Mai).

Bernstorff, A. (2009): Bündnisse schmieden. *politik & kommunikation* (Juni).

Bernstorff, K. u. J. Kanthak (2002): Export von Sonderabfällen – Entstehung und Folgen des Basler Übereinkommens aus der Sicht von Greenpeace. (Handbuch Müll + Abfall.) Bonn/Berlin (Erich Schmidt).

Bernstorff, A. u. A. Serfass (2009): Altchinesisches Strategiedenken. Heitger Consulting, 1. Pionierworkshop. Wien (unveröffentl.).

Borgeest, B. (2008): »Loben ist nicht vorgesehen.« Gespräch mit Fritz B. Simon. *Focus*-Online, 27.9.2008. Verfügbar unter: http://

nwww.focus.de/finanzen/karriere/management/motivation/tid-11968/
organisationsforscher-loben-ist-nicht-vorgesehen_aid_336283.html
[14.11.2011].

Boston Consulting Group (2004): Clausewitz – Strategie denken. München (DTV).

Brendel, F. u. M. Brendel (2000): Richtig recherchieren. Wie Profis Informationen suchen und besorgen. Frankfurt a. M. (FAZ-Verlag), 4. Aufl.

Brodde, K. (2010): Protest! Wie ich die Welt verändern und dabei auch noch Spaß haben kann. München (Ludwig).

Creveld, M. van (1991): Die Zukunft des Krieges. München (Gerling).

Deutscher Presserat (2007): Novellierter Pressekodex. (Gültig ab 1. Januar 2007.) Verfügbar unter: http://www.presserat.info/inhalt/der-pressekodex/einfuehrung.html [20.10.2011].

Elster, J. (1979): Aktive und passive Negation. In: P. Watzlawick (Hrsg.) (1981): Die erfundene Wirklichkeit. München (Piper), S. 163–191.

Jullien, F. (1999): Über die Wirksamkeit. Berlin (Merve).

Jullien, F. (2006): Vortrag vor Managern über Wirksamkeit und Effizienz in China und im Westen. Berlin (Merve).

Forschungszentrum Karlsruhe/Institut für Technikfolgenabschätzung und Systemanalyse (ITAS) u. Institut für sozial-ökologische Forschung Frankfurt a. M. (ISOE) (2009): Abschlussbericht »Humanpharmakarückstände im Wasser«.

Geißler, H. (1985): Sprache und Politik. In: G. Stötzel (Hrsg.): Germanistik – Forschungsstand und Perspektiven. Vorträge des Deutschen Germanistentages 1984. 1. Teil. Berlin (de Gruyter), S. 222–230.

Glotz, P. (1984): Die Arbeit der Zuspitzung. Über die Organisation einer regierungsfähigen Linken. Berlin (Siedler).

Kakar, S. (2008): Gandhi oder die Kunst der praktischen Spiritualität. In: S. Kakar: Freud lesen in Goa – Spiritualität in einer aufgeklärten Welt. München (C. H. Beck), S. 82–102.

Kolbe, A., H. Hönigsberger, S. Osterberg (2011): Marktordnung für Lobbyisten. Frankfurt (Otto-Brenner-Stiftung).

Krug, S. (2005): Kampagnenstrategie und Strategiebildung bei Greenpeace. *Forschungsjournal Neue Soziale Bewegungen* 18 (2): 85–89.

Krüger, C. (1996): Greenpeace und die Strategie der Symbolischen Konfrontation. *Forschungsjournal Neue Soziale Bewegungen* (»Bilanz der Umweltbewegung«) 9 (4): 39–47.

Lisowski, R. (2005): Das Gefühl entscheidet – Strategien werden nicht geplant, sie entwickeln sich ... *politik & kommunikation* (Juni).

Luhmann, N. (1984): Soziale Systeme. Grundriß einer allgemeinen Theorie. Frankfurt a. M. (Suhrkamp).

Luhmann, N. (1997): Die Gesellschaft der Gesellschaft. Frankfurt a. M. (Suhrkamp).

Maturana, H. (1975): Die Organisation des Lebendigen: Eine Theorie der lebendigen Organisation. In: H. Maturana (1982): Erkennen: Die Organisation und Verkörperung von Wirklichkeit. Braunschweig (Vieweg).

Metzinger, P. (2006): Business Campaigning – Strategien für turbulente Märkte, knappe Budgets und große Wirkungen. Berlin/Heidelberg/New York (Springer), 2., überarb. Aufl.

Plehwe, K. (Hrsg.) (2007): Die Kampagnenmacher. Die neuen Instrumente und Strategien erfolgreicher Stakeholder-Dialoge. Berlin (Helios).

Redelfs, M. (2003): Schiffsverschrottung in Indien – Rekonstruktion einer groß angelegten Greenpeace-Recherche. In: Netzwerk Recherche (Hrsg.): Trainingshandbuch Recherche. Wiesbaden (Westdeutscher Verlag), S. 93–106.

Rose, C. (2010): How to win campaigns – 100 steps to success. London (Earth Scan), 2. ed.

Röttger, U. (2007): Kampagnen planen und steuern: Inszenierungsstrategien in der Öffentlichkeit. In: M. Piwinger u. A. Zerfaß (Hrsg.): Handbuch Unternehmenskommunikation Wiesbaden (Gabler), S. 381–396.

Röttger, U. (Hrsg.) (2009): PR-Kampagnen. Über die Inszenierung von Öffentlichkeit. Wiesbaden (Verlag für Sozialwissenschaften), 4., erw. u. überarb. Aufl.

Senger, H. von (2006): 36 Strategeme für Manager. München (List).

Sunzi (2009): Die Kunst des Krieges. Frankfurt a. M./Leipzig (Insel).

Simon, F. B. (1986): Auf Gandhis Spuren? Gewaltfreie Machtstrategien zwischen Widerstand und Herrschaftsanspruch. In: F. B. Simon (2002): Die Kunst, nicht zu lernen. Und andere Paradoxien in Psychotherapie, Management, Politik ... Heidelberg (Carl-Auer), 5. Aufl. 2010, S. 116–122.

Simon, F. B. (2001): Tödliche Konflikte. Zur Selbstorganisation privater und öffentlicher Kriege. Heidelberg (Carl-Auer), 2., erw. u. korrig. Aufl. 2004.

Simon, F. B. (2002): Was ist Terrorismus? Versuch einer Definition. In: D. Baecker, P. Krieg, F. B. Simon (Hrsg.) (2002): Terror im System. Der 11. September 2001 und die Folgen. Heidelberg (Carl-Auer), S. 13–31.

Simon, F. B. (2010): Einführung in die Systemtheorie des Konflikts. Heidelberg (Carl-Auer).

Trinquier, R. (1964): Modern warfare. A French view of counterunsurgency. Westport, CT (Praeger).

Watzlawick, P., J. H. Weakland, R. Fisch (1974): Lösungen – Zur Theorie und Praxis menschlichen Wandels. Bern (Huber).

Wengeler, M. (2005): »Streit um Worte« und »Begriffe besetzen« als Indizien demokratischer Streitkultur. In: J. Kilian (Hrsg.): Duden Thema Deutsch. (Bd 6: Sprache und Politik.) Wiesbaden (Duden), S. 177–194.

Zedler, J. H. (1732): Grosses vollständiges Universal-Lexicon Aller Wissenschafften und Künste. Gotha (Zedler). Verfügbar unter: http://www.zedler-lexikon.de/ [14.11.2011].

Zimmerling, Th. (2011): Rezension »Marktordnung für Lobbyisten«. *Public Affairs,* 13.12.2011. Verfügbar unter: http://publicaffairs.twoday.net/stories/55778359/ [23.1.2012].

Bildnachweise

Seite	Foto Nr.	Copyright
14	1	Greenpeace
16	2	Diether Vennemann/Greenpeace
18	3	www.saubere-kleidung.de
19	4	Greenpeace
23	5	Sabine Vielmo/Greenpeace
25	6	Sabine Vielmo/Greenpeace
26	7	Sabine Vielmo/Greenpeace
27	8	Sabine Vielmo/Greenpeace
28	9	Sabine Vielmo/Greenpeace
30	10	Fred Dott/Greenpeace
32	11	Greenpeace
33	12	Marcus Meyer/Greenpeace
39	13	Imhof/Greenpeace
41	14	Sebastiao Salgado
41	15	Rolf Nobel
42	16	Rolf Nobel
46	17	Christoph Engel/Greenpeace
46	18	Christoph Engel/Greenpeace
47	19	Bernstorff/Greenpeace
47	20	Eberhard Weckenmann/Greenpeace
48	21	Jürgen Siegmann/Greenpeace
57	22	Inkognito.de

Über den Autor

Andreas Graf von Bernstorff ist Cooperating Partner von Heitger Consulting in Wien und freiberuflicher Berater für Campaigning und Strategische Kommunikation. Er arbeitete als Lehrer, Journalist, Wahlkämpfer, Landtagsabgeordneter und Politikberater. Von 1989 bis 2005 organisierte er internationale Kampagnen für Greenpeace. Er ist Autor etlicher Publikationen zu internationalen Umweltfragen und Kampagnenstrategie allgemein und unterrichtet unter anderem an den Universitäten St. Gallen und Heidelberg, an der Humboldt-Viadrina School of Governance und im AMAK-Kontext (Hochschule Mittweida).

Hans Geißlinger (Hrsg.)

Überfälle auf die Wirklichkeit

Berichte aus dem Reich der Story Dealer

Online-Ausgabe 2011
ISBN 978-3-89670-665-2

Wenn auf dem Berliner Kurfürstendamm die erste Weltmeisterschaft im Kanalangeln ausgetragen wird, angebliche Archäologen mit ihrem „Fund" im Züricher Stadtpark eine Sensation auslösen, wenn ein internationales Symposium an den Rand des Zusammenbruches gerät, weil die Teilnehmer glauben, dass es sich bei den Vortragenden in Wirklichkeit um Schwindler handelt ..., dann kann man getrost davon ausgehen, dass die STORY DEALER ihre Hand im Spiel hatten. Die Berliner Kommunikationsguerillas bieten kein Theater, keine Events, kein Entertainment – sie inszenieren Wirklichkeit. Was andere als unverrückbare, objektive Gegebenheit begreifen, verstehen sie als Produkt und stellen es her: Realität. Zündstoff, der verdeutlicht, wie schnell man sich in Geschichten verstrickt, wenn sie erst einmal in die Welt gesetzt sind.

„... streng wissenschaftlich und so perfekt, dass selbst Fachleute auf die Aktionen hereinfallen."   TAZ – Die Tageszeitung

„Experten eines fantastischen Realismus."   Der Spiegel

 Carl-Auer Verlag • www.carl-auer.de

Hans Geißlinger | Stefan Raab

Strategische Inszenierung

Story Dealing für Marketing und Managment

Online-Ausgabe
ISBN 978-3-89670-806-9

Wie installiert man ein globales Logistiksystem, das länder- und kultur-
übergreifend eine Vielzahl von Mitarbeitern erfolgreich integriert? Wie
lässt sich die miserable Teilnahme von Männern an Programmen zur
Krebsvorsorge verbessern? Wie gibt man Managern neue Impulse, um
ihre Mitarbeiter auch in schwierigen Situationen mutig in die Zukunft
zu führen?

Wo andere versuchen, Organisationen mit Methoden wie „Story
Telling" erzählend zu verändern, inszenieren Hans Geißlinger, Stefan
Raab und Kollegen gleich komplett neue Wirklichkeiten und machen so
Visionen konkret erfahrbar. Wer einmal eine solche „strategische Insze-
nierung" erfahren hat, sieht die Welt mit neuen Augen.

*„Für uns war wichtig, dass wir wirklich etwas Innovatives machen. Und
genau dieses innovative Element haben wir in der Strategischen Inszenierung gefunden."*   Alida Cardinal

 Carl-Auer Verlag • www.carl-auer.de

Joseph Duss-von Werdt

Einführung in Mediation

118 Seiten, 12 Abb., Kt
2. überarb. Aufl. 2011
ISBN 978-3-89670-823-6

Joseph Duss-von Werdt vermittelt in diesem Buch auf gut verständliche Weise ein systemisch-konstruktivistisches Modell für das „Kommunikationssystem Mediation" und beschreibt die Möglichkeiten, die es für die Praxis eröffnet. Neben der besonderen Aufgabe, Rolle und Haltung des Vermittlers beleuchtet die Einführung auch die Bedeutung von Mediation für Demokratie und freie Marktwirtschaft. Daraus entsteht eine sichere Basis für alle, die beruflich mit Mediationen betraut sind.

„Endlich: eine Lehre der Mediation wie eine Wanderung mit sicherem Schritt. Auf wenigen Seiten entwickelt aus erklärten Begriffen und den Grundannahmen des systemisch-konstruktivistischen Denkens, anschließend konkretisiert und angewendet auf die drängenden Fragen der praktischen Mediation und schließlich ausgeweitet auf deren Kontext – die ethischen, politischen und gesellschaftlichen Probleme unserer Zeit. Jeder Satz ein Gedanke, das ganze Büchlein gelehrt, heiter funkelnd. Nicht weniger als ein vollständiger Grundriss der gerade entstehenden Disziplin Mediation."

Prof. Dr. Katharina von Schlieffen, Fernuniversität Hagen

 Carl-Auer Verlag • www.carl-auer.de

Lars Burmeister | Leila Steinhilper

Gescheiter scheitern

Eine Anleitung für Führungskräfte und Berater

140 Seiten, Gb, 2011
ISBN 978-3-89670-805-2

Erfahrungen des Scheiterns begleiten jeden Menschen von Kindheit an. Kein Mensch kann laufen lernen, ohne zu stürzen. Doch über das eigene Scheitern zu sprechen, gehört zu den letzten Tabus unserer erfolgsorientierten Gesellschaft. Das gilt auf individueller ebenso wie auf gesellschaftlicher Ebene oder in Organisationen.

Die Autoren dieses Buches plädieren für einen Perspektivwechsel – weg vom Verschweigen und von individuellen Schuldzuweisungen, hin zu Analyse, Neubewertung und letztlich zu einer Organisationskultur, die Misserfolge als mögliche Folge jedes Handelns zulässt.

Mit Beispielen aus ihrer Praxis als Organisations- und Personalberater, Tools und Vorschlägen für Workshops zeigen die Autoren, dass Scheitern ein ganz normaler Entwicklungsschritt ist.

„Dieses Buch ist sehr nützlich, weil es dazu ermuntert, sich mit dem Scheitern auseinanderzusetzen. Dazu ist es ansprechend und gut zugänglich geschrieben." Karsten Trebesch,
TREBESCH & Asociados GmbH Unternehmensentwicklung

 **Carl-Auer Verlag • www.carl-auer.de**